名师名校名校长

凝聚名师共识
回应名师关怀
打造名师品牌
培育名师群体

			鹏飞远志

智慧管理
智慧人生

刘 岩／主编

中国出版集团　现代出版社

图书在版编目（CIP）数据

智慧管理　智慧人生 / 刘岩主编. — 北京：现代
出版社，2022.4

ISBN 978-7-5143-9849-6

Ⅰ.①智… Ⅱ.①刘… Ⅲ.①小学—班主任工作②小
学—班级—学校管理 Ⅳ.①G625.1②G622.421

中国版本图书馆CIP数据核字（2022）第047224号

智慧管理　智慧人生

作　　者　刘　岩
责任编辑　袁　涛
出版发行　现代出版社
地　　址　北京市安定门外安华里504号
邮政编码　100011
电　　话　010-64267325　64245264
网　　址　www.1980xd.com
印　　制　北京政采印刷服务有限公司
开　　本　710mm×1000mm　1/16
印　　张　12.5
字　　数　200千
版　　次　2022年4月第1版　　2022年4月第1次印刷
书　　号　ISBN 978-7-5143-9849-6
定　　价　58.00元

班级管理策略

教 育 案 例

教 育 随 笔

班级管理策略

我的班级文化探索

——班级"软、硬文化"的建设

兰州市七里河区火星街小学　刘　岩

　　班级文化分为"硬文化"和"软文化"。"硬文化"摸得着、看得见，如教室后面的黑板报，墙壁上的名言，班风、班训醒目图案等。"软文化"则是制度文化和行为文化。制度文化包括班级公约、班级口号；而通过各种活动的开展，从学生身上表现出来的言谈举止和精神面貌则是行为文化。

　　依据学校总的文化定位，我创建了具有本班特色的班级文化，并在学校范围内得到了推广。

一、"硬文化"的建设

　　积极向上、温馨和睦的环境会使学生产生强烈的归属感，触动学生自发地加入建设班级文化的行列。对于教育而言，教室里的一切都可以成为它有利的素材，有效的空间资源。创设具有教育性、开放性且安全性的"硬文化"环境，对于陶冶学生的情操，融合师生的情感有着积极作用。基于"硬文化"的重要性，在"硬文化"的建设方向上，我的做法如下。

1. 注重教室的卫生

　　干净的教室不是打扫出来的，而是保持出来的。在平时的工作中，我经常教育学生看到地上有纸屑就主动捡起来，课桌椅摆放要整齐，扫帚、水桶及时进柜，分工明确，让每个学生都感受到主人翁的责任感——"教室就是我的家"。教室卫生是班级文化环境的基础，有了这个"地基"，我就可以添砖加瓦了。

2. 重视教室的布置

（1）师生合作让白板绽放光彩。

由于我校坐落在历史上著名的兰州战役主战场——沈家岭脚下。这里青山含翠，烈士精神长存；芳草吐绿，红色信念永恒。基于地理位置的特殊性，学校文化定位于"智勇"文化，即"智汇童年，勇铸人生"，所以我在班级教室的白板布置中充分体现了这一文化定位。白板的设计主题是"忆革命，梦起航"，教育学生传承老一辈的革命精神，为了梦想坚持不懈。通过"设计白板——收集资料——摘抄资料——填写梦想——布置白板"这一系列的活动，师生合作，不但培养了学生的动手能力，而且增强了学生的互助意识。

（2）集思广益创办板报。

后来，学校将白板换成了黑板，但我的红色设计理念依然贯穿其中。因为黑板的制作和填写较为容易，为了继续提高学生的动手操作能力并将"智勇"文化深入学生的内心，所以黑板报的制作我完全放手。从设计到绘图，从板报成型到小组转换，学生们集思广益，最大限度地调动了自身的积极性。当大部分学生真正动起来，参与到班级文化的建设中时，就最大限度地实现了我们的教育目的。

（3）让书籍进驻班级，进驻心灵。

有一个角落是学生最爱去的，那就是"图书角"。小小的书柜里摆满了学生爱读的各类书籍，学生们畅游在书籍的海洋里，教室书香满满。如今，在两位管理员制定的借阅登记制度下，每位学生每天都有半小时的读书时间。此外，学生通过定期撰写读后感想，真切地感受到"书籍是人类进步的阶梯"。

实践证明，优美的物质环境，能使学生在不知不觉中自然而然地受到暗示、熏陶和感染，能给他们增添无穷的学习和生活乐趣，同时带来希望和活力。

二、"软文化"的建设

建设好班级"硬文化"环境，只是给班级做了一件好看的外衣，班级真正的精神体现还要看"软文化"环境的建设。班级"软文化"环境是班级文化的核心，是最能体现班级个性的。我是一个有个性的人，时时刻刻在用自己的人格魅力感染着学生，并通过个性化活动的开展，使学生健康快乐地成长，大放异彩。

1. 以管理为基础，让"软文化"助学生健康成长

这是班级"软文化"环境建设的重头戏，也是整个文化环境建设的核心。在班级里，我采用民主型的管理方式，让学生和我一起参与班级管理，共同制定班级的各项规章制度、计划，所有班风、班训、班级口号和班级公约，都是以学生为主体讨论制定的，可操作性和实践性很强。因为是学生自己制定的，贴合学生的实际，所以他们自然会主动遵守。每个小组长手里都有一份惩罚措施条例，也是学生自己制定的，虽然并不严格，但是真正惩罚起来力度也不小。

2. 以活动为载体，让"软文化"助学生个性发展

（1）班队会。

结合学校的文化定位，每学期我班会开展六次"红色教育"班队会，主要通过阅读革命故事、了解革命英雄、诵读革命诗文等活动，让学生受到红色情感和文化的熏陶。每一次红色教育都让学生的心灵得到净化，精神得到洗礼。

（2）才艺展示。

我希望我的班级是人才辈出，昂扬向上的。由于学生存在个体差异，所以身为班主任的我要尽可能地将所有学生凝聚在班集体中，不能落下一个。于是，我便在每周四下午的课堂中抽出10分钟时间让学生展示自己的才艺，形式不限，人员不限。学生们唱的唱，跳的跳，画的画，每周四的下午，教室里都会充满欢乐的笑声。这一活动开展了一段时间后，我发现学生有了很大的变化，变得更加自信、爱笑、团结，为学生枯燥的学习增添了一抹快乐的色彩，也最大限度地开发了学生的潜力。

（3）《萌芽》诞生。

我鼓励学生大胆创作，优秀习作题材不限，如诗歌、小说等，并汇编班级作品集——《萌芽》。学生精心创作，仔细修改后投稿给小编辑，在经过三位编辑的严格筛选（第一集《萌芽》只要投稿，基本都刊登）、整理后汇编成册。学生们无论是谁看到自己的作品被刊登都会很有成就感，自信心立刻提升。班上的后进生我也不会忽略，只要他们投稿，稿子做到语句通顺就可以刊登。到目前为止，我班已经有厚厚的几本作品集了。每当我捧起这一本本凝聚学生智慧的作品集，看着学生一天天茁壮成长，便喜上眉梢。

班级文化成为学生心灵的栖居地，在这样的文化氛围中，学生怎能没有收获呢？今后的工作中，我还要不断实践和改进，让我的班级成为我的骄傲，学生的骄傲。

城郊接合地区学生教育与班级管理之妙法

兰州市七里河区火星街小学　刘　岩

城郊接合地区，由于特殊的地理位置和低廉的房价，吸引了大量的外来人口在此聚集，加之本区域原住居民搬迁，导致这一地区产生了许多教育问题：一是生源复杂。外来务工人员子女、近郊农民子女成为城郊接合地区学校主要生源，流动性较大。二是家庭教育不足。依据我所在学校的调查情况，我们发现城郊接合地区的学校每班平均有三分之二的家庭无法实现家庭教育，原因是一部分家长没有文化或是文化水平低，没有能力进行课业辅导与教育；一部分家长不重视学业，认为子女小学毕业即可；一部分家长将孩子送到"小饭桌"，完全寄希望于"小饭桌"老师。三是班级不稳定。本地区优质居民的搬迁导致中高年段优秀学生的大量转出以及外来人口子女的大量转入……这一系列现实问题导致了班级管理存在不稳定性，学生的教育存有一定的困难。

面对这一系列的教育难题，我通过聆听专家讲座、阅读教育书籍，制定了以下策略。

一、开展主题班会和班级特色活动，解决班级德育困境

要想构建优秀班集体必须先让班集体凝心聚力，给予学生人生观与价值观的正确引导，营造积极向上的班级氛围，而后才能实现个别学生的疏导，班主任才会做得有声有色，而凝聚的方法便是主题班会和特色班级活动的有效开展。

我校位于城郊接合地区，地处兰州战役主战场——沈家岭脚下。"智汇

童年，勇铸人生"是我校的办学理念，因此主题班会多渗透红色教育，如英雄雕塑旁聆听故事、会师亭下诵读故事、走长征路品红色精神……用红色精神浸润学生的童年，用红色故事丰富学生的生活，培养学生坚强的意志。城郊接合地区的学校，家长多为外来务工人员，家庭条件不好，甚至有的学生父母没有工作，靠低保维持生计，我班结合这一实际情况，利用三八节、母亲节和父亲节开展感恩教育；城郊接合地区中高年段学生流动性大，班级存在不稳定性，我班结合这一情况，开展合作互助、团结友爱教育等活动。利用主题班会，培养学生优秀的品格，营造良好的班级氛围，在给予学生思想教育的同时，让班级德育工作不再困难重重。

除了每周、每月固定的主题活动，我们也随机开展一些班级特色活动，利用特色活动凝心聚力。这些活动可以由学生主持，学生编排，如六一儿童节、元旦联欢会、班级朗诵会等。班主任所做的就是准备奖状。不难发现，让学生带着"快乐"回家，这份快乐也会感染家长。

综上所述，要想班级稳就得搞活动。孩子们动起来，家长的积极性也就被带动起来。

二、组建"帮扶小队"，帮学生找到发展点

班级"帮扶小队"对学生的发展和成长起着重要的促进作用。依据城郊接合地区学生的实际情况，我们可以将帮扶小队分为好友帮扶队、同桌互助队、小先生协助队。

好友帮扶队。不难发现，班级中的优等生很多时候是不愿主动给予后进生帮助的，因为后进生的表现不但令老师头痛，也让优等生反感，但是好朋友之间的帮助是自然而然的。我们根据学生的交友情况、学习情况以及住家情况，帮每一个后进生找了一名中等生当"师傅"，既避免了优等生的尴尬，又缓解了学生间的矛盾，同时同学的情谊也会逐渐增加，可谓是"一举多得"。

同桌互助队。主要体现在课堂上短时间内的学习辅导和检查汇报，具有快捷与方便的特点。

小先生协助队。这是由6~8名优秀学生组成的队伍，取名为"小先生协助队"。该队利用课堂间隙时间对后进生随机进行一对一帮扶，如指导作文

的书写、帮助习题的订正、检查课文的背诵等。

"帮扶小队"成立后，还要根据被帮扶者的进步速度和学习进度及时地调整或是更换帮扶人员。帮扶小队的成立也有助于营造融洽的班级氛围。

三、成立家长帮扶联盟，开发家校协作的广度与深度

家庭教育是学校教育的有力保障，缺失了家庭教育的学生，无论是在学习上还是生活中都会略差一些，面对这一现实而长久存在的问题，我想到了以下解决方法。

1. 举行家长开放日

家长开放日主要以展示为主，通过学生在校活动的汇报激发家长的协助热情，用梁老师的话说，那就是让家长"有的看、有的听、有的做"。同时，将家长依据学生的成绩进行组合。家长来校除了知晓学校的作息和各项制度外，还要查看优秀家庭学生家庭作业的批改与完成情况，目的在于引发家长的教育激情，重视家庭教育。

2. 召开家长培训会

培训会以"课业辅导的方法"和"调动家长参与班级活动"为核心内容，依据不同学段对家长进行培训：对于不识字的家长要求课业辅导做到"一看"，即看作业本是否干净整齐；对于有文化基础的家长要求课业辅导做到"一看一查"，即看作业书写是否认真，检查作业是否有误；对于完全将学生交于"小饭桌"的家长要求其对"小饭桌"老师提出明确要求，及时检查订正并签字。

3. 依据学习成绩"搭配家长"

将家长进行分组，家长间的互助更有利于家庭教育的有效实施。这种互助以就近为原则，以自觉自愿为前提，先帮助问题家庭的家长改变现有的教育观念，进而改变孩子的学习、生活态度。

4. 利用班级信息群及时共享各种活动资料

信息化的时代，班级群无疑是最快捷、最有效地传递学生成长信息的途径。通过照片、音频、视频的传输，让家长第一时间查看学生在校的表现，分享学生成长的点滴与进步，无疑是集结家长、调动家长积极性，确保"有

招出招，无招出力”的有效手段之一。

美国作家爱默生说：思考是行为的种子。有了思考，便有了策略；有了策略，就有了行动的方向与准绳。"实践是检验真理的唯一标准。"我们相信，在策略的指引下，城郊接合地区的教育问题定会有所缓解和改善。

城乡接合地区小学高年段自主管理之妙法

兰州市七里河区火星街小学　刘岩

随着现阶段教育政策的不断改革，我们应该打破传统的教育方式。传统的教育方式往往是以教师为主导，而忽视学生的主体作用，因此，在班级管理中应该打破这种管理方式，发挥学生的主体作用，树立学生的主体意识，增强学生的自信心。班级管理发挥学生的主体作用可以增强学生的自信心，培养学生的主人翁意识，让家长看到孩子的变化，同时减轻教师的工作压力。创新城乡接合地区小学高年段自主管理的方法，还能使教师的工作积极性有所提高，转变教师的管理理念，激发教师的活力。以下是对城乡接合地区小学高年段自主管理的意义以及管理方法的探究。

一、城乡接合地区小学高年段自主管理的意义

小学高年段自主管理不再以班主任为核心，而是以发挥学生的主体作用为核心，让学生通过自主管理树立主人翁意识，培养自己的独立精神，树立良好的自信心。城乡相结合有利于更好地适应城市教育的要求，让学生在自主管理的过程中变得更加独立，让每一名学生都成为教师的好帮手。首先，通过自主管理，可以让学生自我反省、自我剖析、自我了解，提高学生的思想认识，同时在自主管理的过程中也有利于班干部能力的提升，继而减轻班主任管理工作的压力，让班级管理工作顺利地进行；其次，自主管理可以加强城乡接合地区班集体的建设，提高城乡接合地区家校共育的效率，使班级学习氛围更加浓厚，生生关系更加和谐。城乡接合地区小学高年段自主管理同时需要加强制度文化建设，营造浓郁的文化氛围感染整个班级，促进学生

更加积极主动地帮助教师减轻工作负担。

二、城乡接合地区小学高年段自主管理的方法

1. 重视班干部的培养

在城乡接合地区小学高年段的自主管理中，班干部的培养十分重要。俗话说，"火车跑得快，全靠车头带"，意思就是说，一个好的班集体必须有好的班干部。在城乡接合地区小学高年段自主管理上要注重班干部的培养，一个高素质的班干部既可以带领一个班集体创建积极向上的学风，也可以带领学生营造和谐的班级氛围。例如，教师应该注重学校教育与家庭教育相结合，实现家校共育，而传统的管理方法却与家庭教育脱节，从而导致学生学习缺乏主动性，对班级活动积极性不高，集体荣誉感不强，对此，教师就需要寻求更好的管理方式，活跃班级氛围。此时，教师注重对班干部的培养，既能促进学生的个体发展，也能增强班级的凝聚力。通过班内选举，选出最优秀的人员作为班干部，同时教师必须在短时间内让班干部知道自己的职责，让每名班干部对自己的职责都必须拥有认真负责的态度。此做法不仅可以树立学生的自信心，还可以提高学生的主人翁意识，让班干部积极带领每一名学生参与班级事务，做到事事有人做，人人有事干，让每一名学生都成为班级管理的小主人，让学生在自我管理中提升自己的独立意识。

2. 加强制度文化管理

城乡接合地区小学高年段自主管理需要加强制度文化管理，用制度文化培养学生的行为习惯，切实起到监督和监管的作用，真正把各项工作落实到位。制度文化管理是所有学生以及教师共同遵循的制度规范，是班级全体成员通过教育、制度以及文化氛围来管理的一种模式，能让学生在班级管理、自主管理中得到发展、成长。例如，城乡接合地区小学自主管理需要加强教师的专业发展，同时还要加强文化建设，打造一个有特色的、和谐的校园，让学生在这种文化建设下充分发挥自己的主人翁意识，使生生关系更加和谐、友善，学生还可以通过这种管理让自己变得更加独立。同时，学生自主管理必须加强城乡教育的结合，以满足城市教育的需求，加强制度文化管理以改变传统以教师为主体的教育方式，充分发挥学生主体的作用，减轻家长的负担，提高城乡接合地区的家校共育效率。

综上所述，城乡接合地区小学高年段自主管理对于学生的成长具有十分重要的作用，因此教师要不断创新管理理念，不断创新管理方法，改变以班主任为主导的管理模式，增强学生的主体意识，培养学生的主动性、独立性、创造性，让学生真正成为班级的主人，构建更加和谐的班集体。

低年段学生学习习惯培养之我见

兰州市七里河区火星街小学　刘　岩

爱因斯坦说过，如果一个人忘掉了他在学校里所学到的每一样东西，那么剩下的就是教育了。学生忘却的是什么，记得的又是什么，值得每一位教育者深思。"一千个读者心中有一千个哈姆雷特"，人之不同说明了每位教育者的教育想法也会不同。在我看来，习惯的培养教育是爱因斯坦提到的"剩下的就是教育"中一个很重要的组成部分。

教育家培根说过："习惯真是一种顽强而巨大的力量，它可以主宰人的一生，因此，人从幼年起就应该通过教育培养一种良好的习惯。"习惯的培养在学生的成长与发展过程中起着举足轻重的作用，尤其是学习习惯。

小学分为三个年段，每个年段的学习习惯看似不同，实则紧密相连。低年段为高年段打基础，如同盖楼房，地基夯实才能建成摩天大厦，所以，学习习惯的培养，低年段是关键期。

通过网上查阅和对现在所带班级学生的观察了解，对低年段学生的学习习惯，我做了如下总结。一年级学生应养成的学习习惯：①集中注意力；②踊跃举手发言；③书写正确、规范；④按时完成作业；⑤自己整理书包；⑥正确的坐姿、看姿等。二年级学生应养成的学习习惯：①培养听课的习惯；②培养遵守纪律、专心听讲的习惯；③培养检查、预习、复习的习惯；④培养认真完成作业的习惯；⑤培养主动学习的习惯；⑥培养阅读的习惯；⑦培养良好的书写习惯；⑧培养提问的习惯。概括来说，低年段学生应重点培养听、说、写、思、读这五个学习习惯。

一、培养学生"静听"的习惯

"静听"是学习的一个重要途径。只有会听，才能有收获。刚入学的孩子年龄小，要求其专心听讲40分钟是不可能的。实验调查显示，6岁学生注意力集中时间约为15分钟，这种注意多为无意注意（没有目的也不需要意志就看到或听到的注意）。所以基于心理和生理的特殊性，一年级学生的课堂教学会穿插一些小游戏，如猜谜语、唱儿歌、手指操等，这些能有效地缓解学生的听觉疲劳，调动学生无意注意的同时逐渐培养其有意注意的习惯，其实这项活动就是我们常说的"调动兴趣"。"兴趣"被调动了，注意力自然就集中了，"静听"的效率也就提高了。

"静听"包含很多层面：会听、能听、爱听等。一堂课下来，学生听没听，听了多少，很大程度上取决于他是否静下心来听。当一个人全神贯注地倾听时，捕捉信息的活动才是有效的、高效的。为了达到"静听"的目的，我们在教学中也可以采取很多方法，如突然停顿、变换语调、调整音响媒体、反复提问等。这类方法的使用不仅仅适用于低年段学生，因为当学生的注意力被吸引、专心"静听"时，无论是老师的"讲"还是同学之间的"讲"，都能达到目的。

久而久之，大部分学生到一年级第二学期就已经能掌握"静听"的学习习惯了。

二、培养学生"能说"的习惯

"能说"是和他人交流沟通的一个重要工具。发育健全的孩子进校时能通过语言准确地表达自己的想法，但此时的表达缺乏整体性、连贯性，语言文字的使用单一、重复。通过课程的学习（特指语言类学科的学习），其表达能力会呈现出逐年上升的趋势。尤其在课堂上，我们鼓励学生多发言，实际上就是训练学生的口头表达能力。随着教育活动的深入，词汇的累积，生活经验的丰富，对于问题的回答会精彩呈现。从最初的字词到后来的句篇，从最初的天马行空到后来的一针见血，这样一个"能说"的过程必须有量的积累。从教十几年，不难发现这样一个现象：低年级学生发言时小手如林，"老师我"这样的话语时时挂在他们嘴边。无疑这样的课堂氛围让人欣喜，但是随着年级的上升，发言的人越来越少，更有甚者，高年段仅3～4名学生发言，这样的局面令大多数老师头疼。毫无疑问，这样的局面和老师是密不可分的。因为老师的一个眼神、一个话语，都有可能阻断孩子举手发言的欲望。"教育要准备好一百顶高帽，让学生天天带着荣耀回家"，高林生如是说。"赏识教育"的创始人也曾说，"要让孩子在课堂中找到生命的存在感"。那么，老师一定不能吝啬自己的表扬，要发现孩子的闪光点并放大它，只要孩子说话的积极性不遭受打击，小手如林的课堂就不会消失。

三、培养学生"爱写"的习惯

身为一名语文教师，我深知学生学习写作的过程不是一蹴而就的，一朝一夕是不可能做到水滴石穿的。低年段学生的写作教育看似简单，实则肩具重任，因为只有低年段学生"爱写"，才有可能为日后的习作打下基础。从学生学习语文开始，教师就应注重培养学生说一句完整的话，而且要有意识地反复练习。当学生的识字量达到一定程度时（一年级第二学期），教师应适当加入写句子的训练，几个字一句话和几十个字一句话不等，依据学生的学习能力开展；二年级上学期学习了日记的写法，教师便可以安排写日记。我并不主张天天写日记，一周完成2～4篇即可，这样交上来的日记必是鲜活的。另外，教师可以适当地安排一些有趣的活动（室内室外均可），短短几分钟，让学生真实地参与，学生才会有创作的源泉，写作便不是一件令人头疼的事了。

当然，这个习惯的培养同样需要教师的表扬和激励，这时教师可以采用文字形式激励，学生看到老师对作品的评价无疑是对其最大的鼓舞，哪怕他写得语无伦次。

四、培养学生"会思"的习惯

《论语》中说"学而不思则罔，思而不学则殆"，足以证明思考在学习中的重要地位。思考，会让人变得更聪明；思考，会开拓无限的可能。牛顿的思考让"万有引力"路人皆知；屠呦呦的思考获诺贝尔生理学或医学奖……因思考而有所为的大家举不胜举。当然，我们不是让每一个孩子都成为牛顿或屠呦呦，但是让孩子们"会思"应该成为每日教学活动开展的前提，因为我们不是动物。古人的"三思而后行"再次证明了思考的重要。

　　培养学生"会思"的能力，首先，要求教师提炼有价值的问题，这样既节约了课堂时间，又训练了学生的思维能力。其次，教师要给予学生充分思考的时间，只有思考的时间充足，回答才能精准。很多时候，我们为了完成自己的教学任务，问题一出有人举手就让回答，长此以往，会造成学生不良的思考习惯，也会造成课堂的两极分化。最后，教师要培养学生提问的能力。只有自己能提问，才会去思考，平时教育孩子多问几个为什么，学习效果会更好。

五、培养学生"乐读"的习惯

　　"书籍是人类进步的阶梯"，由此不难看出读书的重要性。一段时间朋友圈被武亦姝和董卿霸屏。《中国诗词大会》让我们在领略中国语言文字优美的同时，更激发了国人读书的热情。前不久，我看到一篇文章，说的是日本孩子和中国孩子在机场候机时的表现——中国孩子无一例外地拿着手机，日本孩子整齐地端坐在一起看书。随着网络的影响，越来越多的人离纸质版书籍越来越远了，这就要求我们教育工作者在学校里帮助孩子重新点燃阅读的激情，越小的孩子越需要。

　　低年段学生识字量有限，鼓励他们多读绘本是个不错的选择，让学生从故事中汲取力量，学会生活，浸润心灵，如《猜猜我有多爱你》告诉学生父母之爱的伟大无私；《小猪变形记》教育孩子认识到做自己最快乐……教师每周抽出一节课的时间和孩子一起读书、分享将是一件很幸福的事，而学生会由开始的"要我读"变成"我要读"。不能说百分百，但是只要大部分学生的阅读兴趣被调动，那么我们的活动就是有效的。由于年龄小，学生的阅读需要方法的指导，对整本书阅读指导的开展尤为重要。这期间，最好能发挥家庭教育的作用，家校一致，学生的成长才不会变得矛盾。同时，教师要躬身力行，给学生做好榜样示范作用，因为教师的身教作用大于言传。阅读一旦成为习惯，日后必定起到巨大的作用。

　　教育家马斯洛说："心若改变，你的态度跟着改变；态度改变，你的习惯跟着改变；习惯改变，你的性格跟着改变；性格改变，你的人生跟着改变。"据调查，一个习惯的培养最起码需要三个月的时间，应让每位教育者在学校里为孩子规划好每种学习习惯，在潜移默化中培养训练，在无愧于我们教师身份的同时，造就一批又一批优秀的人才。

我的教室我的家

——"缔造完美教室"

兰州市七里河区火星街小学　刘 岩

有一种收获叫"春种一粒粟",有一种期待叫"长风破浪会有时",有一种愿景叫"绝知此事要躬行",有一种教育叫"新教育"。

2016年,"新教育"的春风吹进了兰州市,吹进了七里河区,也吹进了我的学校、我的班级。

犹记得在"新教育"启动大会上,那三个硕大的蓝字深深地刻进了我的心里,随之而来的"十大行动"让我离"新教育"越来越近。

一、春种一粒粟

"播下一种行为,收获一种习惯。"你若肯行动,收获必会丰厚。

2016年,这届二年级学生,他们刚脱离了一年级的稚气懵懂,渐渐成长着。为了促进学生健康、快乐地成长,为了践行"新教育"的十大行动之一——缔造完美教室,我制订了名为"我的教室我的家"行动计划。

1. 动手实践

行动之一:我爱我班我能行

一个班级,如同一个温馨的家园,恰似一个小小的社会。家园也好,社会也好,都需要规矩和条例。班级的规矩、条例应该由谁来制定呢?

诚然,一、二年级的学生,班主任的言传身教胜过指令。例如,一年级的小周脚边总有垃圾,在发现问题后,每次上课我总是第一时间走到他身边,随时提醒他及时收拾。如今小周四年级了,虽发现他仍有乱扔垃圾的行为，但只要我一个眼神，他便心领神会。

2017年，这届学生升入三年级，相应的《班规》《班级公约》要制定出来。我和学生利用班会课一起讨论、商榷，最终制定了《班级公约》十条、《小组公约》若干条等。经过学生参与制定的条例，学生会自觉遵守。

2018年9月，这届学生升入四年级，经过小组商议，对三年级的班规、组规做了调整，并由各组组长认真地写在白纸上，并进行了绘画、装饰，经过时间的洗礼，在学生素洁的心灵上描绘着不同的色彩。

行动之二：教室布置我愿行

我喜欢教室后面的黑板、白板以及空白的墙面。那里是属于我和学生的心灵驿站。在那里，有成长的荣誉、成长的快乐、成长的远景……设计板报、制作白板、填充"愿望树"成为学生学校生活的一部分后，班级里的每一面墙壁都成为学生成长的见证，班级如家的温暖便不再遥远。

依据学校的文化特色，学生在书桌的右上角张贴了"红色格言"——"向雷锋同志学习""星星之火，可以燎原""为中华之崛起而读书"……这一句句饱含奋斗哲理的话语，给学生的学习和生活注入了活力与希望。

一间教室，除了隐性的文化熏陶之外，恰当、温馨的显性文化——布置为学生在班级里的每一个日子铺设了和谐的道路。

行动之三：阅读仪式我乐行

生活需要仪式感。在我看来，阅读也需要仪式感。

班级的图书角，图书馆馆长，晨诵、午读、暮省，这一系列的设计和课程都在为学生的阅读生活营造仪式感。

看，图书角成了学生汲取营养的宿营地，在这里，学生可以心无旁骛地读书；看，两位图书馆馆长忙于管理图书、收发图书……在管理图书的过程中他们学会自我管理。

每周四的清晨，是我和学生的共读时间。我们共读古诗词，我们共读《晨读时间》，我们畅游在文字海洋，与诗为伴、与文为舞，其乐无穷。我想唯有令人感到幸福的班级才会有这些美好的情景。

2. 行为养成

行动之一：书声琅琅不是梦

朱永新教授指出，一个人的精神发育史就是他的阅读史。

少儿正处于精力、智力、体力旺盛的时期，怎么可以不帮助他们汲取书中的养分呢？

从一年级开始，我便带着学生阅读《胆小的猫头鹰》《小猪变形记》《穿靴子的猫》《大卫不可以》……这些精美的绘本打开了学生对书籍的渴求之心。看图猜故事，多么有趣的一种阅读体验；读书演故事，多么生动的一种阅读课堂。

《木偶奇遇记》《绿野仙踪》《尼尔斯骑鹅旅行记》……整本书的阅读开启了学生现阶段的阅读旅程。一本本读书笔记，一本本班级成长画册，这些令我激动不已，它们都是心灵契合的见证。

行动之二：多彩生活伴你我

如今，成绩已经不是考量学生的唯一标准，培养发展全面的人比高分低能的人更为重要。

能力从何而来呢？毋庸置疑，学生多彩的生活便是培养能力的有效途径。

形形色色的社团活动、班级活动、主题班会、主题队会、节日活动、竞赛活动……这些活动在激发了学生潜力的同时又增强了班级的凝聚力，因为我们永远不知道学生心中的小宇宙有多大。

小马同学学习不佳，上课不专心，但看得出他身体素质很好，于是我推荐他参加学校足球队，想不到他在绿茵场上生龙活虎，他的优势得以彰显；小龙同学作业不认真，成绩不优秀，但是对教室里的花如数家珍；爱丢垃圾的小周同学科学知识储备充足；内向少语的小安同学是手工达人。如果不是形形色色的活动，这些学生的长处怎能被发现、挖掘出来呢？

小学阶段的少儿，心智不成熟，行为习惯的养成有赖于班级活动的开展。无论是主题活动还是随机活动，都在为塑造学生优秀品格提供平台。任何活动的设计，都会让每个学生成为班级里最闪亮的星，让每个学生在教室的日子是愉悦的。

3. 历练成长

行动之一：生命叙事天天有

"新教育"要求教师笔耕不辍。叙事中教师不仅仅是在用文字帮助学生记录生命的故事，更是在书写自己的教育故事，这些串联起来的故事是对生命的见证！

《三个橘子》《电脑、平板、妈妈、爸爸》《我想有个家》《双胞胎升旗手》《他们的心灵更需要呵护》……看似普通的故事，却是我帮孩子留下的最珍贵的记忆。

学生成长了、改变了，意味着我们的课堂也在成长、改变。

行动之二：迷人课堂欢迎你

班级管理得好的老师一般课上得也不会差，因为想要学生喜欢你，先得让学生喜欢你的课堂。在课堂上，你不只是老师，还可以是家长，是朋友，是字典，是行走的百科全书，是心灵顾问……

我固守着信念——认真备好每一节课，将每节课都像备公开课那样，而学生的受益会让我也受益。

行动之三：家长朋友你们好

学生的教育不只是学校的教育，缺失了家庭教育，学生的成长是不健全的。我校地处城郊，家长的素质不高。接手班级第一天起，我就在尽自己的力量改变现状：一学期两次的家长会，我教给家长不同学段具体的教育方法，如怎样检查作业，如何和孩子谈心；每周总会有一次与家长"面对面"，"以礼相待，心平气和"是我始终牢记的原则；信息化时代的微信群、QQ群让分享学生成长的瞬间与故事可以更便捷。

学生的成长离不开家长的教育，班级的成长又怎能离得开家长的支持呢？有了家长的鼎力协作，我的教室才会洋溢着绿色和希望。

二、长风破浪会有时

生活不总是一帆风顺的。

由于学校地处城郊，学生的家庭环境、家庭教育大相径庭，家长对学生学习的重视程度也参差不齐。

小云，2016年转入我班，不写家庭作业，考试成绩没有超过40分。我与家长沟通时，家长说："我们没有文化，辛苦老师了。"我心疼孩子，便联合他的同桌和好朋友一起帮助他。

家长的素质决定了学生的素质，这样的家庭在我的班级里不是一两个。面对这样的学生，同学间的真情互助、老师的个别关注、资源的共享使用显得格外珍贵。困难只是暂时的，终有一天我和学生会"直挂云帆济沧海"。

三、绝知此事要躬行

"新教育"行动有一个关键词是"师生"，意思是老师和学生是在一起的。换言之，要求学生做到的老师必须首先完成。

要求学生遵守《班级公约》时，我也遵守。如不迟到、不早退，犯错接受学生的"惩罚"。

要求学生读的书，写读书笔记和观后感，我也一同进行。

要求学生参加的各种比赛、活动，我以身作则，昂扬向上，结果不重要，过程最珍贵。

要求学生为班级出谋划策，我也开动脑筋、调控治理，做好学生思想、行为上的引路人。

要求家长配合学校，我首先尊重家长、以礼相待，取得家长对学校工作的支持。

如果你问我："你的教室完美吗？"

我可能会说："我的教室很完美，因为那是我用心缔造的一间属于我和学生的家园。"我也可能会说："我的教室还不够完美，因为世上哪有完美的人或事。不过，我会向着完美行进，我会和学生一起走在缔造完美教室的路上……"

班级管理策略

为孩子们铺设一条成长轨迹

兰州市七里河区火星街小学　刘 岩

当今社会，成绩已经不是衡量人才的唯一标准，我们到底要培养怎样的人才，是高智商还是高素质，我认为要培养的应该是有着强烈责任心的人。试问一个没有责任心的人如何工作，如何与他人交往？如果人人都没有责任心，我们的社会如何前进呢？我的班主任工作就是在试图为孩子们铺设一条成长轨迹，在这条轨迹当中要让孩子们学会不怕困难、奋勇前行！

一、走好人生第一步——让好习惯伴孩子一生

叶圣陶说过："教育无非是培养良好的习惯。"好的习惯让人一生受益，而坏的习惯让人一生受累。小学阶段需要养成的习惯有正确的坐姿和书写的习惯、认真细致的习惯、文明礼貌的习惯、尊重他人的习惯、诚实谦虚的习惯、热爱劳动的习惯……其中，我认为培养学生"热爱劳动"这个美德在低年段太有必要了，因为现在的孩子都是掌中宝，很多事让家长代劳，所以造成他们做事拖拖拉拉。因此，从一年级的第一天就让孩子们弯腰捡起自己脚下的垃圾是很有必要的，举手之劳的行为教育可以让孩子们学会保护环境。当然，刚入学的孩子年龄小不会劳动是很正常的，这时候就需要班主任的言传身教。教师可以时不时地安排一些关于劳动的小游戏和小比赛，经过一段时间孩子们掌握了一定的要领，相信孩子们会爱上劳动的。记得我曾问孩子们拖一次过道需要多长时间，有的说五分钟，有的说十分钟。于是我找了两个孩子进行比赛，分别使用"一来一回"和"直线回转"的方法拖地。我发现后者仅仅用了一分钟就拖完了过道，孩子们既兴奋又激动，值日时都

在使用老师教授的方法。我想，只要让孩子们爱上劳动，离培养他们的环保意识和珍惜他人劳动成果的好品格也就不远了。

其实种种习惯都应该是从小培养，长抓不懈才能见到实效，因为只有好的习惯才能让孩子们健康成长。

二、"我是班级小主人"——培养学生的责任感

度过了牙牙学语时期，学生们来到了中年段，已经初步形成了特有的性格。班主任作为孩子的人生导师，要注意教育方法和策略，注重对孩子们责任感的培养，教育孩子们做好自己分内的事。比如，按时完成作业、上课认真听讲、和同学友好相处、积极为班级争光……

记得曾经有这样一个学生，学习很差，想了很多办法都无济于事，于是我打算对他"冷"处理。一天学校大扫除，我们班要清扫伙房堆放垃圾的地方，很多学生嫌脏，打扫起来缩手缩脚的，可他却很卖力，不怕脏、不怕累，我很惊喜有了意外发现，于是我安排他当小组长。起初班上的孩子们不服气，嫌他学习差、纪律差，可是经过一段时间后我发现组员们开始佩服他。因为他总是来得最早，干最脏、最重的活，甚至每天都在帮助别组的同学打扫卫生。我不仅时不时地表扬他们组和这位组长，还让其他小组长来向他"请教"，谁知他后来竟然成了孩子们作文本上的"常客"。

（可见，责任心不是上几节班会课、讲几个故事就能培养出来的，需要孩子们去实践，在实践中体验酸甜苦辣，之后他们才能懂得什么是责任心，明白成功固然好，失败了也并不可怕，错了的结果也要敢于承担。）

还有一个孩子，为了拿到第二名的奖品，竟然在运动会中故意输给了对手，自己还扬扬得意。可同学们不高兴了，纷纷指责他为了一个乒乓球拍连班级荣誉都不要了。在同学们的指责声中他来跟我道歉，我告诉他："孩子，不用跟老师道歉，可以做自己喜欢的事，不过前提条件是不能不顾集体的荣誉。"之后，我告诉孩子们：我们生活在集体中，做任何事都不能只考虑自己而忘了集体，集体的荣誉要靠大家维护。孩子们明白了不能让同学或者是班级为自己的错误买单，这是多么好的一堂"责任感"教育班课。

教育者的工作中，每天会发生这样或那样的事，而再小的事都会让我们

受益良多，这需要老师用善于发现的眼睛及时捕捉，在正确的时候运用恰当的方法教给孩子们处理事情的技巧。

三、"人人有事做，事事有人做"——自主管理的逐步渗透

到了高年段，班主任要"放权"了！此时的学生自我意识初步形成，有了一定分辨是非的能力。让学生自己管理自己，提高学生参与班级管理的积极性，相信会让每个孩子都可以信心满怀地面对学习和生活。不过，这种"自主管理"模式小学生操作起来还是有一定的难度，需要班主任耐心的指导和帮助。按照"好中差"的模式帮他们分组，安排他们担任班干部、语文组长、数学组长等，职责落实到小组中的每个人。小孩子一听到自己能当班干部都会比较兴奋，利用他们的"兴奋劲"，商定各自的职责。比如，组长除了收发作业外，还需要检查作业的完成情况并及时上报老师，而且要对本组后进生进行督促。其实这都不是最关键的，让每个学生轮着当班干部，才能最大限度地提高学生的能动性。职责一旦固定，时间一长，别说是孩子，大人的新鲜劲儿一过也会出现松弛的现象，只有在不断改变和尝试中才能让学生体验到"管理"的乐趣。有些老师会问，后进生怎么办，也让他们参与到班级的管理中？答案是肯定的。身为班主任一定要放心让他们去做，信赖他们，鼓励他们，同时让别的同学帮助他们，这样他们才会在每天的点滴小事当中找回些许的自信和前进的动力。让自卑的孩子抬起头来难道不是我们每一位班主任最想看到也是最期望的吗？因为只要他们肯"抬头"，奇迹就会出现。

以上三点是我不断完善的计划，我知道班主任之路是艰辛而漫长的，我们唯有在不断的实践和改进中精益求精。虽然他们可能调皮，虽然他们可能并不优秀，可当我看到这世界上最美的笑容时，一切的烦恼都会荡然无存。孩子们，让老师伴你们一路同行吧！

重视综合实践活动，提升学生综合素养

——运用综合实践活动提升小学班级管理水平

兰州市七里河区柏树巷小学 包 巍

社区服务型实践活动是指学生在教师的指导下，参与社区和社会实践活动，从而获取直接经验、发展学生的实践能力、培养小学生的社会服务意识和提高公民素质。社区服务型实践活动是加强未成年人思想道德教育的重要途径，是实现班级有效管理的重要环节，还能增强学生对社会的使命感。

一、关于社区服务型实践活动

1. 社区服务型实践活动的内容

社区服务型实践活动的内容领域是开放且非常广泛的。它可以从服务社区、关爱他人、参与社会生活、开展社会实践等方面选择。在选择内容时，要注意以下几点。

第一，应考虑学校本身的特点和条件，根据班级管理的目标和性质选择适当的内容，最好以主题的方式呈现。

第二，在选择内容时，要注意地域性。根据社区的实际情况，体现活动的地域性特点。

第三，应联系社会现实和学生的生活来确定内容。

第四，综合运用各学科的知识进行内容的选择，帮助学生形成良好的情感态度与价值观，有利于增强班级凝聚力，有效提升班级管理水平。

2. 社区服务型实践活动在班级管理中的德育含义

社区服务型实践活动是一种综合性实践活动，其本质是一种社会教育模

班级管理策略

25

式，具有独特的教育意义。社区服务型实践活动作为综合实践活动课程的一部分，应该服从于班级管理的总体目标。同时，注重培养学生的社会适应能力、社会服务意识、公民责任感和创新精神。学生在社区服务型实践活动过程中获得的不是某种物质形态的结果，而是人生观和价值观的熏陶，最终体现在个人思想道德素质和社会适应能力的提高上，促进学生的全面发展。

学生心理道德成长是社区服务型实践活动教育的重要价值目标，在其课程目标体系中发挥着重要作用。在新课程改革的背景下，社会实践的定位更注重活动的主题和过程。而且，在社区服务型实践活动过程中，学生的心理和道德素质都能得到提升。与其他实践活动相比，社区服务型实践活动更注重教育学生融入生活，对培养学生的公民意识具有不可替代的作用，能够有效地提升班级管理水平。

二、社区服务型实践活动的实施过程

1. 实践活动主题生成

在当前的小学教育中，确定社区服务型实践活动主题的方法主要有两种：一是由学校领导和班主任举行研讨会，确定本学期社会实践活动的主题。二是学生选择感兴趣的主题，由班主任汇总，报学校教研室筛选决定。

2. 实践活动组织形式

一般来说，社会实践活动的组织形式主要以班级形式来表现，较大的活动则由学校来集体组织。比如，在寒假和暑假组织学生卖报纸，或进入养老院慰问老人。社区服务型实践活动的组织形式取决于活动的规模和地点。当活动规模较小时，经常采用班集体活动、社区活动和志愿者团体。开展跨班活动时，班主任将中队或班级的活动作为一个单元组织起来。而开展跨年级活动时，则由主管德育工作的校长负责总指挥，各级组长负责活动的相关事宜。

3. 实践活动过程指导

社区服务型实践活动的主题主要是社会热点问题、学生自身生活、服务社区、关爱他人等，其活动场所往往设在校外。因此，教师的指导不像学科教学那样系统，有固定的教学知识点。教师的主要任务是指导学生组织活动。特别是在纪律性差的低年级，教师应该更关注安全问题。大多数教师在社会活动中最普遍的做法是让学生自我发展，当学生有疑问时才给予适当的指导。

4. 实践活动评价机制

教师评价、学生自我评价和学生互相评价是社区服务型实践活动评价的主要内容。社会活动参与者不仅包括教师和学生，还包括家长等社会人士，他们是学生校外生活中的重要人物。因此，一些教师认识到了多元评价的重要性，但在实施层面上却没有得到准确的应用。此外，学生在活动中的表现评价还浮于表面，没有对社区服务的教育意义和社会实践心理道德水平进行深入探索与提升。

三、社区服务型实践活动案例介绍

主题：友谊——"手牵手，爱"

1. 社区服务型实践活动概述

活动提出：为纪念毛泽东题词"向雷锋同志学习"55周年，弘扬雷锋精神，希望队员实事求是地学习雷锋。在××广场隆重举行了全市小学"携手相爱"友善活动，此次活动的主要参加者是中年级和高年级中队，与西藏阿里地区的某小学组成了手拉手学校。这次爱心义卖是为西藏阿里地区的某小学筹款，用来订阅少先队杂志、团体报纸和其他关怀材料等。希望通过参加这项活动，让学生了解生活在边远地区的同龄人学习的艰辛，从而更加珍惜自己的学习生活。同时，他们也将体验到"手拉手实现中国梦"的深刻意义。

活动目标

（1）认知目标：树立学生关爱他人的意识，初步培养学生对商品的理解，同时培养学生的节约意识。

（2）情感目标：培养学生乐于助人、感恩社会的良好道德品质，增强学生的社会责任感。

（3）行为目标：培养学生为社会服务的能力，使他们能够用自己的实际行动积极实践现代雷锋精神，筹集友善资金去助人为乐，提高班级凝聚力。

活动流程

第一，晨会教育。正式开始前，各班老师以"爱心义卖"为主题，对学生进行10分钟晨会教育，教育内容为有序、纪律、文明、卫生四个方面。教给学生必要的生活、商业常识，并教他们学会勤俭节约。

第二，布置现场。本活动作为一个单元在中队带领下进行。在中队辅导员的指导下，学生将在广场的指定区域进行义卖。

（1）各中队提前准备广告标语、海报，吸引顾客。

（2）班主任对中队的顾客、销售人员、市场经理进行培训，并佩戴一定标志。

（3）中队准备好自己的爱心箱，用来募集善款。

（4）中队后勤负责人联系后勤部准备桌椅，并将其移到本店。

（5）团队成员与班主任及其他人员合作，将志愿者物品（学生手工艺品、闲书、玩具等）放在桌上，贴上价格标签（学校提前下发），写下志愿者的姓名和出售物品的价格。

2. 爱心义卖的过程

当中队把所有的准备工作完成后，爱心义卖正式开始。活动现场的学生被里三层外三层包围着，拥挤却活跃。有些学生虽然对爱心义卖的形式有点害羞，但都在积极工作。学生们运用了多种形式的爱心义卖来吸引大众，有的创作了歌谣，有的拿出自己的"绝活"，有的现场制作气球娃娃进行才艺表演，有的开设抽奖环节和参与活动写感言环节等，吸引了越来越多的人参与其中，并得到了许多路人的积极回应。

3. 爱心义卖结束

爱心义卖结束后，因为参与的人员众多，在广场上留下了一些垃圾，看上去有点乱。这时候由负责后勤工作的中队学生打扫干净，未售出的物品被移走，市场看台也被清理出来。卫生专员小组对每个中队的志愿者销售区进行卫生检查，并将其纳入健康评分。然后中队集合在一起举行闭幕式，对本次活动进行了全面总结，每个中队还上报了爱心义卖款，由学生代表汇总并放入校园的"爱心盒"。

4. 综合实践活动的德育视角分析

首先，爱心反映了一个人的心理素质和意志，它是一种开明善良的心态，通常以人际交往中的情感态度为依据。有一颗善良的心是爱心的前提，共情是友谊品质形成的助推器。爱心是社会主义核心价值体系所倡导的公民道德品质之一，是对人的道德伦理态度的体现。爱心可以减少人际纠纷，化解社会矛盾。我们能否友好地行动，这不仅反映了一个人的道德水平，还反映了社会和谐的程度。因此，我们可以说爱心不仅是一种心理特征，也是一种道德和伦理价值，在心理道德教育领域中，爱心更加利于培养积极的人格特质。

第一，心理道德认知。

目前，家庭多为独生子女，他们从小生活在城市中，住在高层住宅区，把自己最喜欢的东西聚集在家里，所以关心他人和与他人分享的意识相对较弱。爱心义卖有利于提高学生对周围世界的全面了解，培养学生良好的道德品质，促进学生的心理健康，形成健康完善的人格。学校与藏族小学建立了长期的"手拉手关系"，日常教学也会将爱的感觉潜移默化到学生身上。综合活动举行时，大多数学生都兴高采烈。学生在观看了藏族小学的同学们艰苦学习环境的图片后，与自己的学习环境形成了鲜明的对比，促进了学生关爱他人的爱心意识的发展。

第二，心理道德体验。

爱心义卖是学生的一种社会体验。学生的活动不再局限于校园的四壁，而是从校园走出去，与社会和社会中的人有了关联。学生在活动中体验到帮助他人和商品交易中实现自身价值的快乐。在爱心义卖之前，学校组织学生观看教育片《一个都不能少》，这部电影讲述了贫困山区儿童的教育困境。在接下来的爱心义卖活动中，学生们将自己观看电影的经历与真实的体验联系起来，通过对比自己良好的学习环境和生活环境，激发出了强烈的社会责任感去关心他人。

第三，心理道德互动。

学生的心理道德发展离不开学生的互动活动。学生与学生的互动主要是合作互动，他们一起组织展台，一起销售商品，并分工配合做好义卖工作。在这个过程中，学生们增强了合作意识，在互相帮助中感受到帮助他人的快乐。师生互动主要是教师对学生的引导，一方面，教师负责组织纪律，保障学生的安全；另一方面，教师负责对学生进行必要的指导。在这一过程中，师生团结起来为西藏小学贡献力量，教师起到了一定的示范和激励作用。学生在义卖东西时会与社会人士互动，在这个过程中，社会人士和学生不仅是业务关系，在学生眼中，社会人士也通过购买物品表达了他们的爱。

第四，心理道德内化。

社会中的一些群体由于各种原因成了弱势群体，这些弱势群体需要社会的帮助和关注。这项综合性的社会实践活动不仅帮助西藏小学解决了少先队刊的问题，而且在学生心中孕育了乐于助人这一美德的种子。通过举办爱心义卖活动，加深了学生对他人的理解和关怀意识，有利于学生在今后的生活中把这种认识付诸实践。乐于助人是中华民族的传统美德，它是一种美好的情感、境界。义卖活动使学生有爱心、有责任心，它将关怀化为健康的心理品质，并表现在良好的行为习惯上。

总之，社区服务型实践活动是学生在学校教育过程中实现个体社会化的重要途径，表现为学生参与社会服务和社会实践活动，不仅可以了解社会，学习社会文化模式，实现个体社会成长，还增强了班级凝聚力和责任意识，有利于提升班级的有效管理水平。

参考文献

［1］檀传宝.学校道德教育原理［M］.北京：教育科学出版社，2000.

［2］郭元祥.综合实践活动课程的设计与实施［M］.北京：首都师范大学出版社，2001.

［3］廖先亮.综合实践活动课程的理论与方法［M］.武汉：武汉大学出版社，2003.

浅谈新教育下农村小学高年段课外阅读指导策略

榆中县太平堡小学　陈永明

苏霍姆林斯基说过："无限相信书籍的力量，是我的教育信仰的真谛之一。"新教育实验的倡导者朱永新先生也说："一个人的精神发育史就是他的阅读史。"阅读的重要性已得到教育工作者们广泛认可。但读什么，如何读，怎样才能让"阅"读变成"悦"读，进而成为一种生活习惯？这是所有教育者努力的一个方向。小学阶段是学生阅读的最佳时期，也是对阅读习惯影响最大的阶段，学生在经历了中低年级故事类书籍的阅读之后，高年段阅读的少图或无图的知识类、科技类和经典名著书籍，阅读的有效指导能够实现事半功倍的阅读效果。农村学校地处偏僻，学生家庭大多不富裕，父母对培养孩子阅读能力的重视程度较低，因而对学生课外阅读的指导就更为重要和迫切。结合我的一些具体做法，就新教育背景下农村小学高年段课外阅读指导策略谈谈自己的认识和理解。

一、解决"书源"问题

要阅读，就必须解决书源问题。农村学校的学生所有要读的书如果自己买，显然不太现实。书的来源要发掘多种渠道。教师向学生推荐阅读书目，鼓励每人拥有自己喜欢的一部分书，实现家庭好书收藏。也可以从学校图书室借阅，有条件的阅读电子书籍或下载打印出来慢慢品味。

充分发挥学校图书室的功能作用，让图书室成为学生最喜欢和经常待的地方。不仅要创设图书室温馨怡人的读书氛围和环境，更要规范图书室的管理及功能拓展。建议学校图书室实行全天候开放，简化借阅手续和建立图书漂流制度，及时更新书籍，根据师生的阅读需求，将购买、更新图书作为学校硬件建设的重点。

二、正确选择书籍和阅读内容

文学作品种类繁多，读一本好书犹如交一个好朋友。反之，读书不加选择，读一些不适合自己的书，往往事与愿违，阅读不仅不能收到好的效果，反而会带来不良影响。我主要采用以下方法来指导学生选择读物。

1. 必读书

必读书指按照新教育实验指导手册《新教育儿童课程》按不同年段拟定了阅读书目，在教师的推荐下有计划地阅读《我要做好孩子》《夏洛的网》等经典作品。坚持常态化进行"晨诵、午读、暮省"的阅读方式，在引领学生走进广阔的阅读世界，开启阅读人生的同时，将他们从充满危机感的电视文化中解脱出来。现在学生已经习惯用诗歌开启新的一天，在美丽的童书中放飞自我，学会了反思的生活。

2. 拓展读

拓展读就是从课内向课外延伸，引导学生读一些相关的课外读物。在学完《景阳冈》《穷人》等一些节选自中外名著的课文后，建议学生去读相关的中外名著或其中的一些篇章，让学生进一步体会人物品格，感悟作者精妙的描述；上完《冬阳·童年·骆驼队》这一课，我们班学生大都读完了林海音的《城南旧事》，在感受到童心、童真、童趣的同时，也感受到了蕴藏在字里行间的那份深情。

3. 迁移读

迁移读指在学习课文后，运用学习该课所掌握的方法去读同类型的作品，从而提高阅读能力和写作能力。例如，学习了朱自清的散文《匆匆》，我要求学生读朱自清的《荷塘月色》《背影》等其他散文，让学生进一步感受朱自清散文的魅力；学完《儿童诗两首》后，我让学生收集了很多儿童诗来读，有些学生甚至动手写出了自己"童年的水墨画"。利用名人简介的"迁移读"引导学生阅读同一作家的系列作品，让学生在经典名著的浸润熏陶中，领略博大精深的语言文化，树立正确的人生观和价值观。

三、教给学生阅读的方法

古人云："授人以鱼，只供一饭之需；授人以渔，则终生受用无穷。"有效的阅读指导，能够帮助学生学会阅读，在阅读过程中积累知识，激发阅读兴趣。一方面，教师要加强课内教学与课外阅读的结合，将课内阅读加以整合，在课上落实阅读训练项目，教会学生阅读方法。课外指导学生运用阅读方法，进行知识迁移，达成课内外阅读互补。另一方面，应加强课外阅读听、说、读、写的结合，通过让学生写读书笔记等形式引导学生对阅读内容发表自己的想法，在阅读课上交流。

1. 精读与略读

对于大部分浅显易懂的书籍或报刊，教师可指导学生采用浏览式的阅读方法；而对于文质兼美的优秀作品，则可采用品味式精读的阅读模式，引导学生体会文章的立意构思，揣摩布局谋篇，品味遣词造句之妙。高年级学生由于具有一定的阅读能力，掌握了基本的阅读方法，因而更要求其侧重于学会深入领会文本的类型特点、作者的语言风格，丰富学生的语言积累，提高学生的阅读兴趣和阅读能力。

2. 批注法

在阅读中，学生对于某些语句若有自己的想法或对某些问题有异议，教师可以指导学生随手在文章的空白处写下批注，或发表意见，或提出质疑。通过这种循序渐进的阅读指导，让学生掌握方法，学会阅读，真正做到如皮萨略夫所说的："世界上有许多好书，但这些书是为那些会读书的人准备的。"

3. 指导学生写读书笔记

俗话说"好记性不如烂笔头"，古人也教导我们"不动笔墨不读书"。眼过千遍不如手过一遍，做阅读笔记是积累知识、丰富语言积累和提高分析理解能力的好办法。那么，怎样做阅读笔记呢？

（1）要求学生用笔记本摘抄所读文章的各种要点。内容包括好词佳句、警句和精彩片段等，摘抄后注明文章的标题、作者及出处，还要有相关的解释或见解等。

（2）让学生以适合自己需要和爱好为标准，把对自己有用的文章贴在特制的本子上，并注明出处。这种方法最适合剪贴报纸杂志。学生在剪贴时要适当归类，以防资料过多，掺杂不清。

（3）鼓励学生自制规格相同的卡片，把文章的要点或精辟句、优美句、精彩片段摘录在卡片上，采取单项形式，一张卡片记一个内容，储存信息，以便日后查找。通过引导学生做各种形式的阅读笔记，激发学生阅读的兴趣，提高学生阅读的质量。

四、激发"悦"读兴趣

1. 榜样的力量

要让学生愿意读书，乐于读书，教师要身先士卒，率先垂范。我经常有意在教室里，在学生面前捧起一本书认真阅读。有时中午不想睡觉，就在教室里看会儿书。学生到校后见我在教室里看书，胆大地凑过来问："老师，你看的什么呀？"于是，我趁此机会给他们讲书中精彩的情节。一段时间后，我发现这种"诱惑"见效了，学生课桌上的书渐渐丰富起来，课间打"王牌"的少了，但说《窗边的小豆豆》《草房子》的多了，也由此拉开了我们师生共读的序幕。

我还经常向学生介绍历史人物、科学家及身边人的成才之道，以榜样的力量激发学生课外阅读的兴趣。由于学生具有形象思维的特点，教师可选择有精彩画面的书给学生看，学生容易被吸引，就会热情地去阅读，这样可以有效地激发学生的阅读兴趣。当然，所选书目只有适合孩子的口味，他们才会对读书感兴趣。

2. 开展多样的读书活动

倡导学生成立自己的读书组织，如经典诗文读书会、儿童文学俱乐部等，要注意不是强制而是倡导，以吸引有共同兴趣爱好的学生参加。组织内部要有完整的操作流程，阅读方式、阅读量及阅读成果的呈现都应有明确的要求。此方式对于调动学生读书的积极性，提高班级凝聚力都有很大的作用。

扎实有序地开展一系列读书活动，为学生搭建展示自我才华的平台，如开展好书推荐会、课本剧大赛、各种主题阅读以及由读到写迁移的手抄报评比、作文竞赛等，激发学生阅读和写作的兴趣。倡导师生共读、亲子共读，让教师、父母与孩子之间拥有共同的语言密码，让学生更多地参与并享受阅读，调动学生的阅读积极性，激发学生自觉地进行课内外阅读。

五、建立读书评价机制

教师对学生读书的评价制度可借鉴新教育管理的铁律："底线＋榜样"，即实施阅读项目时规定一个全体学生都能达到的底线，如要求学生每月读一本书并做好读书笔记，或其他学生容易做到的任务内容，表扬从"底线"中涌现出来的优异者。教师可对学生的阅读活动进行"积分制"（又名"积分存折"），即在既定时间内设置目标考核标准，学生每读完一本书给予适当的积分，就像在银行存钱一样。而后再进行"有奖读书"，对喜欢读书、读书好的学生进行奖励积分。学期末评选"书香少年""书香班级"和"书香家庭"，用榜样激励更多学生热爱阅读，推动各种阅读主题活动精彩开展，带动班级形成良好的读书风尚。

对一个孩子而言，读书是促进学生全面发展的有效手段。但学生在校阅读的时间有限，这就需要教师应用课内阅读与课外阅读相结合的方式开展阅读教学，学生课外阅读与教师课堂教学是提高学生语言水平的两条线，而课外阅读活动只有有效的阅读指导，才能够达到事半功倍的阅读效果，拓宽学生的阅读视野，提高学生的思维认知水平和综合素质，促进学生的全面提升和健康成长。

家校齐心协力共育美好未来

——浅谈家校合作共育的途径与方法

榆中县夏官营学区过店子学校　杨排风

目前，我们学校的大部分家长长年累月在田间劳作，饱尝生活的艰辛，一边精心照料地里的各种菜苗，希望长势好、卖出好价钱，一边悉心照顾家里的心肝宝贝，希望自己的孩子成绩优秀、出人头地，他们默默地耕耘着。我们老师像培育花朵一样培养着自己的学生，及时制止和引导学生不规范的行为，不随意纵容，教育孩子健康成长。

如果要让孩子真正幸福快乐，那么苏联教育家苏霍姆林斯基的那句"最完美的教育就是学校家庭教育"再适合不过了。这句话的意思是对学生进行全面教育，不仅要有学校方面的指导，更多的是来自家庭方面的支持。家庭和学校作为学生生活与受教育的主要场所，两者之间的沟通与合作是学生健康发展的必要保证。因此，在孩子成长的过程中，家庭教育和学校教育是两个重要的因素，只有整合家庭教育和学校教育，形成教育合力，建立和谐的家校合作关系，才能更好地培养孩子良好的学习习惯和道德品质。

一、建立家校合作关系

由于家庭的千差万别，家长对教育子女的目标要求不同，成才标准各异，因此家长对子女的教育理念也大相径庭。所以，学校教育必须在家庭教育的配合下，具体分析每个学生的实际情况，才有利于培养学生良好的行为习惯，才能更有效地正确引导学生成才，让学生健康成长，成为有用之才。

二、完善家校合作制度

1. 有序落实家校合作工作计划

学校要建立规范化、制度化的家校合作机制，即以制度来约束家校合作中的人为性、随意性，变可有可无、或多或少皆可的家校合作为学校教育必不可少的重要内容之一。这样就能使家庭与学校合作具备根本的制度保障。因此，根据学校实际情况，我们制订了《×××学校"家校合作"学校实施方案》，明确了规划和办学的总目标，促使我校的家校合作工作规范化、现代化、特色化、个性化，推动家校合作教育全面、均衡、可持续发展，提高我校家庭教育的水平，保证学生健康成长、全面发展。

2. 明确家校合作双方的权利和义务

家庭与学校是不同的社会组织，在社会中发挥着各自不同的独特作用。学生是家校合作的纽带，是家校合作的中心，也是家校合作的最终目的。在家校合作中，要明确双方的权利和义务。作为学校可以吸引并组织家长参与孩子的教育活动，给家长提供参与机会，对家庭教育进行指导。家长是孩子的监护人，有权利和责任让孩子接受教育，有权利和责任参与学校教育工作。

三、重视家校沟通方式

班主任与家长沟通，能够从家长身上得到大量信息。我认为班主任与家长沟通应做好以下三个方面。

1. 与家长沟通联系要耐心细致

班主任要有足够的耐心了解学生的家庭状况和学生的性格特点，父母是孩子的第一任老师，也是孩子终身的老师。一个孩子在什么样的家庭环境中成长，就会有什么样的性格，这就是说，每个孩子都是家庭或父母的缩影。因此，细致了解学生家庭情况，了解学生父母职业、文化程度，家庭结构、家庭背景等，有助于我们与家长沟通时采取有针对性的措施。

比如，我接的这个班只有15名学生，但我现在电话本里的电话号码有46个，通过这些电话，我了解了这些孩子是不是单亲，是不是留守儿童，父母在干什么，爷爷奶奶是否都健在……摸清这个班的情况，与家长建立密切的联系，取得家长的信任，共同教育好学生。

2. 与家长沟通联系要热心尊重

无论是打电话，还是当面说话，班主任都面带微笑，家长就会感觉到你很尊重他，也会感受到孩子在班级里受到重视，他们心里自然就会很高兴。班主任不能一见面或一打电话就告状，埋怨数落家长，不要当着家长的面训斥他的孩子，也不能当着孩子的面训斥家长，使家长产生逆反心理，与教师对着干。

所以，班主任与家长沟通时尽量不刺激家长，少告状，少当面训斥，时时处处注意对家长的尊重，用言行引导家长的言行，影响孩子的言行。

3. 与家长诚心低调地交朋友

班主任和家长的地位是平等的，目标是一致的，在和家长交流的过程中要尽量低调，做到不摆姿态，不盛气凌人。班主任要试着和家长做朋友，设身处地地为学生着想，把每个学生都当成自己的孩子，让家长感受到我们的诚心，他们就会很乐意和我们做朋友，我们的工作就会更轻松、更顺利。只有有效的家校沟通，才能拉近家庭和学校的距离，极大地方便家长、教师之间的交流，及时准确地把握学生成长的情况，渐渐形成一股强有力的教育合力，引导学生向着正确的人生轨迹良性发展，为促进学生全面发展、健康成长奠定良好的基础。

四、创新家校合作途径

1. 创新家长会

家长会是家校面对面沟通中常见的途径，家长会的形式和内涵也可以多样。一是班级座谈会的优化创新。每个学期，各个年级都会以班级为单位召开不同主题的家长会。在学校召开的家长会更多地让家长进行角色体验和角色互换活动。比如，开展家长小组合作，让家长深刻理解孩子学习的过程、意义和方式。这种家校面对面沟通的方式，使家长与教师之间可以根据本班级的实际情况有针对性地进行沟通。二是家长委员会的优化创新。家长委员会是班级建设和发展的坚强后盾，是班级各项工作的有力保障，是学生健康快乐成长的重要机构。创新完善后的家委会分为班级家委会、年级家委会、校级家委会三个层级。

2. 创新亲子活动

亲子活动是做好家校面对面沟通交流工作的一种有效途径。我们以家委会为桥梁，不断创新完善亲子主题系列教育活动，主要有家庭才艺秀、班级阅读角、教室绿化展、亲子运动会、户外研学等。

3. 创新家访工作

对于家访这种家校面对面的沟通方式，我们完善了操作流程。首先，家访教师必须先确定家访内容，制订好计划。教师要提前了解家长的基本情况，如家长的学历、职业；学生家庭的基本情况，包括居住条件、家庭成员构成、学生父母感情、家长对学生的要求等；学生在家的情况，如学习环境、学习时间、看电视时间、家务劳动情况等。其次，教师要确定家访的名单或顺序，一般可以按座位排序，班主任、任课教师分组进行。这样做的好处是可以同时进行，走入学生家庭，了解他们的生活，帮助他们更好地学习。家访后教师再互相交流，这样一来，家访的范围广、时间短、效率高。家访还可以按学情排序，根据学生在学校的情况，和家长进行联系，走入家庭，了解学生在家的学习和生活情况。

五、拓展家校合作途径

学校适应信息化社会新形势的变化，调整家校沟通的方法、方式和途径，运用现代化信息手段，打造互联网背景下家校合作的有效途径。互联网背景下，网络社交平台使人们之间的沟通更顺畅。我校采用的网络社交平台主要有以下几种。

（1）班级QQ群。班级QQ群用于作业的布置和反馈、班级信息通知、学习资料的上传、活动照片的展示以及各种小视频的发布、各科难题讲解等。

（2）微信群。我们分别建立了年级组微信群和班级微信群，既为家长之间的沟通提供了一个平台，也为家委会开展工作搭建了一座桥梁。

（3）微信公众号。微信公众号主要包括学校微信公众号与班级微信公众号。其中，班级微信公众号有针对性地设置板块和内容，让家长及时了解班级的相关活动，更好地配合学校的教育教学工作。

（4）钉钉。新型平台钉钉的使用使教师在更大程度上降低了作业批改的难度，方便了教师一对一进行网络辅导，视频上课能知道发出的消息对方是否阅读，哪些人已阅，哪些人未读。在特殊时期，还可以用钉钉平台上课进行安全教育、打电话、组织会议等，即时沟通协作。

　　总而言之，我们强调家校合作共育，只有家校紧密合作，才能避免社会环境中一些不健康、不利于青少年成长的东西乘虚而入，影响青少年的健康发展；只有家校紧密合作，才能形成强大的教育合力，共同去筑造孩子美好的未来。

浅谈小学感恩教育实施策略

兰州市七里河区二十里铺小学　李文婷

当今社会，小学生由于大多数是独生子女，以自我为中心的意识很强，普遍缺乏感恩意识，不知回报的现象普遍存在。针对这一现象，我将感恩教育与学科教育结合起来，在教学中实施感恩教育，从而培养学生的感恩意识和责任意识，进而外化为学生的感恩行为，促进和谐家庭、和谐校园、和谐社会的构建。

一、感恩教育的内涵及内容

1. 感恩教育的内涵

感恩的含义为"对别人所给的帮助表示感激"。"投我以木桃，报之以琼瑶""谁言寸草心，报得三春晖"，这些经典诗句集中反映了人们的感恩情怀。

2. 感恩教育的内容

感恩教育的内容丰富，主要包括感谢父母的养育之恩、感谢师长的教诲之恩、感谢旁人的救助之恩以及感谢祖国、社会的关爱和大自然的赐予之恩等。其中，感谢父母的养育之恩是小学生感恩教育的重点。

二、实施感恩教育的途径

有经验的班主任都会抓住中队活动课这个德育教育的主阵地，通过不同形式的活动课对学生进行思想道德的熏陶和培养。然而，不少德育活动课让

班级管理策略

人在感叹课堂的气氛活跃、形式活泼、学生多才多艺之余，总觉得少了些什么。常常可以看到这样的德育课堂：一套少先队仪式后，辅导员老师例行表态"活动按原计划进行"，接下来是学生完全按既定的程序自主活动，教师则在活动结束后对活动的意义、学生的表现做个简要总结。在这样的德育课套路下实施感恩教育，恐怕很难让学生从中受到感染和教育。

我认为，感恩教育课应该选择能够引起学生兴趣的教学素材，让学生打开思维，有话可说。一方面，教师要为学生发现问题、提出问题创设情境，即要求教师设疑多向度。另一方面，教师要根据学生质疑的兴趣和发现问题、提出问题的能力，让学生提出的问题多向度。多向度越多，表明学生的思维越广。如果学生能把眼前的素材与万事万物联系起来，就容易把感性思维方式与理性思维方式很好地结合起来。

感恩教育的实施可以有以下途径。

（一）感恩教育从小事做起

学生的品德往往是通过言行体现的。感恩教育要回归现实生活，首先要让小学生从我做起，从小事做起，从爱护身边的人做起，在生活实践中学会感恩。为此，教师要鼓励小学生勇于实践，真诚地去报答身边的人。

1. 感谢父母的养育之恩

"哀哀父母，生我劬劳"，天大地大不如父母之恩大，要教育小学生对自己的父母感恩。因为父母不仅赐予我们生命，更把我们养育成人。感恩父母是最起码的要求，是做人最基本的道德，如果一个人连自己的父母都不感恩，又怎么可能感恩老师、感恩同学、感恩社会？教育小学生报答父母之恩，可从下面的小事做起：自己的事情自己做，养成独立自理的好习惯，让父母省心；在双休日帮助父母做些力所能及的家务事，如扫地、叠被、洗碗、拖地板、烧饭、做菜等；自觉完成作业，努力学习，不让父母操心；适逢母亲节、父亲节，给父母过节，向父母说一声"谢谢"，道一声"辛苦了"，或为父母送上自己亲手制作的小礼物，让父母享受一份感动。

2. 感谢教师的培育之恩

教师不仅教给了学生知识，更教会了学生如何做人。正是教师春风化雨式的教育解开了学生成长路上的心结。因此，学生要学会对自己的老师感恩，因为老师教给了我们知识和做人的道理，是我们人生路上的领路人。

3. 感谢他人的帮助之恩

同学是学生心中最纯也是最真的朋友，这是因为同学不仅在每一个人的人生旅途中陪伴着自己度过十多个春夏秋冬，更是同自己在生活和学习中相互鼓励、相互支持、相互安慰的好伙伴。朝夕相处，心有感激，通过活动使学生学会感谢同学，学会表达对同学的感谢之情。

4. 感谢社会的关爱之恩

我们的学校，我们的学生，不断地接受着祖国、社会、他人的关心和帮助，为此，我们不仅要把学生培养为有个性的人，还要把学生培养为社会人、为他人做贡献的人，教育学生爱社会、爱祖国、爱人类，培养学生博爱的胸怀。

5. 感谢大自然的赐予之恩

大自然给予我们赖以生存的环境，富饶的土地给予我们丰富的资源。所以，教师要教育学生爱护身边的一花一草一木，保护大自然，节约能源，养成良好的环保习惯。

我校的感恩教育活动志在引导学生充分认识家长与教师的良苦用心，从而激发学生对学习的兴趣，立志回报社会。活动自开展以来，受到了学生家长及教师的好评。学生回家后不再是衣来伸手，饭来张口，而是真正体会到家长的不易，主动帮助家长做事，改变了独生子女唯我独尊的心理状态。教师们也发现学生比以往更听话、更有礼貌，变得乐于助人，关心同学了。

（二）感恩教育从文明礼仪做起

"滴水之恩当涌泉相报"，我们要让学生知道，从父母、亲人、教师、他人、社会那里得到的恩惠，当以更大的诚意和实际行动给予回报。这种回报不仅是物质上的，还包括感情世界的回报。我们要让学生明白：并非报大恩大德的大举动才叫报恩，有时就是一声简单的道谢也能给施恩者带来特别愉快的心情。所以，感恩当从语言上的感谢做起，从文明礼仪做起。这就要求学校善于创设语言环境，如在校园的每一个角落写上文明礼貌用语，让学生的眼里、心里时刻都装着"你好""再见""谢谢""对不起"等文明用语。

（三）结合各种节日，通过班会等方式开展感恩教育

母亲节、父亲节、端午节、重阳节、教师节等都是对小学生进行感恩教育的良好时机，教师要设计相应的感恩主题开展班会活动，让小学生接受感恩教育。例如，教师节，让学生当着老师的面，说上一段发自内心的感谢老师的话，送上写有祝福语的自制卡片给老师；母亲节，让学生给妈妈一句关心体贴的问候、递上一杯饱含真情的热茶、写一张感人至深的贺卡，使亲情的温暖在学生心中弥漫；重阳节，组织学生用自己的歌声、舞蹈为老人送去欢乐和祝福，让老人感受到节日的气氛；等等。结合各种节日开展感恩教育活动，可以升华学生的感恩思想，提升全体学生的精神面貌。

总之，感恩教育的目的在于提高学生的思想道德水平，进一步弘扬我国的传统美德，培养学生知恩图报、关爱他人的意识。感恩教育活动的开展不仅提升了整个班级的精神面貌，而且使校园的感恩气氛更浓郁了。同时，开展感恩教育活动，在学校与家长之间架起了沟通的桥梁，起到了良好的社会互动效应，大大促进了学生各种良好行为习惯的养成，在学生中形成了积极向上的良好风气。

班级管理策略

兰州市七里河区敦煌路小学　李艳祖

班级管理是教师根据一定的目的、要求，采用一定的手段措施，带领全班学生，对班级中的各种资源进行计划、组织、协调、控制，以实现教育目标的组织活动过程。班主任正是此过程中的组织者、领导者，是班级管理工作的灵魂。然而要管理好一个班级，除了拥有一腔热血之外，还要掌握一定的班级管理策略，做一名智慧型教师。

一、真诚付出，用爱温暖学生

"没有爱就没有教育"，而"感人心者，莫先乎情""细微之处见真情"，真诚地关心学生、热心地帮助学生是能给予学生的最基本的爱。例如，天气逐渐变冷，放学出教学楼前提醒并检查每一个学生，看他们是否拉好衣服拉链，以防感冒；跑操时关注他们跑操姿势是不是正确，是不是用鼻子呼吸，提醒他们把手拿出来走路，以免摔跤；帮学生旋开拧得太紧的水壶；帮流鼻血的学生止血和擦拭脏污；等等。这些虽然没有表现出轰轰烈烈的爱，都是些微不足道的关心，但是要深信，爱是一种传递，当你真诚地付出爱时，学生定能感受到，而收获的必定是学生更多的爱，学生也会将这些爱回馈社会。

二、平等对待，用公平呵护学生

世界上没有两片完全一样的树叶，每一个个体都是这个世界上独一无二的存在，他们理应受到平等的对待，学生更是如此。教师要以一颗仁爱之

45

心，平等地对待每一位学生，不应以学生家庭出身高低、智力好坏定亲疏，不应以学生成绩好坏分优劣，要不偏袒、不歧视、不放弃任何一名学生，让每个学生都在这个集体中感受到被公平对待。在这样的环境中成长的学生心智会更健康，同时他们会慢慢学会不戴有色眼镜对待他人，让社会主义核心价值观早早地缔结在他们幼小的心中。

三、以身作则，用行动教育学生

"学高为师，身正为范。"班主任在学生面前是一面镜子、一本书，学生会留心观察班主任的每一个动作、每一个眼神、每一种表情，会细心倾听班主任的每一句话，班主任的自身素质，道德修养，乃至一言一行、一举一动，无形之中都会成为全班学生模仿的对象。有一次，班上有个学生不遵守规则，小班长在管理班级的时候竟然拉扯这个学生，我顿时看到了我的影子。因此，想要规范学生的行为，教师先要规范自己的行为，要求学生做到的，自己先要做到，要求学生讲卫生，不随便乱扔垃圾，自己就要做到随手捡拾垃圾，要求学生上课不迟到，自己每天就要按时到，每节课提前到。

四、不吝夸奖，用肯定激励学生

"好孩子是夸出来的。"尤其是低年段的学生，思维比较单纯，只要是老师大力宣传的、表扬的事情，他们都争着抢着去干。例如，课堂上哪个学生坐得端正，哪个学生手举得好，哪个学生回答问题声音大，哪个学生字写得漂亮，哪个小组卫生保持得好，哪个学生帮助了别人，只要一表扬，大家都会效仿。一次，有一位学生课间看到值日生因个头小擦不到黑板上边的字，就主动地过去帮助。我看到后，马上当众表扬他善于观察又乐于助人，值得大家学习。之后，班里课间擦黑板、卫生保洁等活学生都抢着干，谁也不袖手旁观，都积极主动地参与到了为班级服务中。除了语言上的激励外，摸摸头、拍拍背等肢体语言也能起到很好的激励学生的效果。每个人都喜欢被肯定，学生更不例外。

五、奖惩分明，用原则指引学生

为了更好地让班级运转，让每个学生都得到发展，除了语言上的表扬之外，还可以用一些实质性的奖励来强化。比如，上课回答问题积极、平时遵守规则、乐于助人等可获得奖励贴或小红花，集够一定量就可以兑换奖品。在这种激励方式下，学生的积极性很高，都争先恐后地去争取，班级中的每一位成员都呈现出了一种向上发展的态势。

如果说规矩是垒起来的墙，那惩戒就是学生失控后，撞到墙上的蘑菇包，撞得越狠，记得越牢。学生一个个都是小人精，这次在这里撞到了，知道了疼，下次绝对尽早拐弯，只留个优美背影。所以，惩戒与奖励并存。如果课间学生在教室大吵大闹，除了可以收回他的奖励贴外，还可以带他去操场，让他把大喊的瘾过了。如果学生上课听讲不认真，提醒几次都不管用时，可以让他先站一会儿，等他能回答上来问题后再坐。

六、善于发现，用耐心感化学生

每个班里都有所谓听话的学生和淘气的学生。那些听话的学生，不用多说，有时只需要一个眼神、一个动作，他就能心领神会，认真地按照要求去做每一件事。而那些淘气的学生，经常唱反调、惹事情，总是给班级管理带来不少的困扰，对于这些学生，首先要认真分析他们行为背后的动机，然后动之以情，晓之以理。人是有感情的动物，相信在更多的关注与耐心下，终会有"守得云开见月明"之时。都说调皮的学生也是聪明的学生，如果能捕捉到他们身上的闪光点并及时强化，帮助他们找到自信，定能达到事半功倍的效果。

七、团结互助，齐心为班级付出

"人心齐，泰山移。"班级事务杂而乱，一个班集体的良好发展，仅凭一个人孤军奋战，根本无法完成任务，这就需要各科任课教师的帮助与支持。尽管每位教师工作作风、工作方法不尽相同，但在引导孩子明辨是非、培养良好的习惯等方面，也要达成共识，做到要求统一。在这样的统一要求、严格管理中，学生会逐渐明白该怎样做，不该怎样做，持之以恒，"常规"不仅会被学生接受，而且渐渐地会成为他们自觉的行动。在这种情况下，作为班主任，应做到与其他任课教师多沟通、多交流、多体谅，只要大家团结互助，默契配合，定能顺利完成各项工作。

八、真诚携手，形成家校合力

学生是国家未来的栋梁，更是一个家庭的希望。学生需要家校共育，因此做好家长工作，加强与家长的联系，是班主任工作中不可或缺的一部分。然而要让家长自觉自愿，积极配合、支持工作，必须对家长多一些诚心。最近网上关于家长与教师的关系的话题频频受到关注，让每一位教师尤其是班主任在管理班级事务上如履薄冰。作为一名年轻的班主任，班上的家长可能在年龄上比我年长，虽然大部分家长都比较好沟通且相当配合班级工作，但是难免出现个例。这时候应该做到不卑不亢地交流，真挚诚恳地分析，让家长明白在小学阶段，孩子的成长家庭教育占到70%以上，孩子的教育离不开家庭教育和学校教育的结合，孩子的成长进步离不开父母和老师的共同关注。

班级管理是一项极其复杂的工作，班主任要真正用心去管理，积极地从实践中探索，总结行之有效的方法与经验，这样才能使自身的班级管理水平得到提高。

提升小学班主任德育工作能力的实践策略

榆中县夏官营学区高墩营小学　刘善君

一、在小学阶段对学生进行德育教育的必要性

小学生正处在一个成长发育的关键时期，在学校接受德育教育也是为了帮助自身形成良好的道德品质以及心理素质，为今后的学习和发展奠定良好的基础。首先，在小学阶段展开德育教学，是为了把教学内容以及思想理念融入学科的教学中，使传统的教学模式和管理模式得到全新的改革与创新，最终让学生在一个轻松愉悦的环境下健康成长。其次，班主任教师对学生加强德育教育，还可以让他们尽快地适应集体的学习和生活，进而提高他们适应新环境的能力，且在学生学习过程中也能帮助他们养成健康向上的学习心态，最终帮助学生突破学业上的难关。最后，小学班主任教师德育教育工作的有效开展，还可以帮助学生树立正确的人生观和价值观，所以小学班主任需要结合实际，做好德育教育工作，使德育教学的价值优势得到全面的体现。

二、如何提高小学班主任德育教育的工作能力以及提升德育教育的效果

1. 对德育教育工作加强重视

小学班主任在对学生进行德育教育时，首先要帮助他们树立正确的思想道德观念，并落实到学生实际的学习和生活当中。小学教育作为整个教学活动的重要基础，必然会对学生今后的学习成长产生至关重要的影响，因此小学班主任需要对德育教育工作引起重视并提高认识程度。针对小学生的德育教育不仅包括行为习惯和思想道德品质培养，还包括情感、价值观等的培

养。班主任需要把德育教育贯穿整个教育教学工作中，当学生的思想道德行为出现偏差的时候，需要进行及时纠正和引导，最终达到提高学生综合素质的目的。

2. 班主任通过自己的思想和行为影响学生

班主任的综合素质对提高德育教育效果起着非常重要的作用，所以班主任需要积极参与学校组织的各种培训活动，提高自己的综合素质。小学阶段，学生往往拥有很强的模仿能力，外加他们在平日和班主任接触也比较多，班主任的一言一行都会对他们产生重要的影响，因此班主任需要在日常的教学管理工作中严格要求自己，不仅要提高自己的道德素质、规范自己的言行和仪表，也要不断地扩充自己的知识，这样才能为开展德育教育工作奠定良好的基础。

3. 打造良好的班风班貌

学生作为整个德育教育活动的主体，教师需要鼓励他们做好集体的小主人，让他们尽可能通过自己的方式和力量为班级的发展做一些小小的贡献，从而形成积极向上的班风班貌。首先，班主任要对学生一视同仁，在与学生交流和相处的过程中要充分尊重学生自己的想法，对学生独特的想法和积极的表现都要给予及时赞扬，因为学生都喜欢被别人称赞，所以对待学生的优势和长处，班主任应该毫不吝啬地进行公开表扬，也为其他学生树立榜样，这样既帮助学生建立健康积极的人生态度，也能达到因材施教的教育效果。在选择班干部的时候班主任需要通过民主的方式，和学生共同选出道德品质佳、责任感较强且为人正直的优秀班干部。开始的时候，教师可以通过班级栏宣传班干部的好人好事，帮助他们树立起威信并为其他同学起好模范带头的作用。如果班级出现了一些不团结同学或者言行举止不太好的现象，班主任要对不良现象进行及时纠正，这样就能够创造出良好的班级学习氛围。

4. 通过网络教育平台，提高德育教育效果

教育环境的好坏对学生的健康成长起到了很强的促进作用，也会直接影响对学生进行德育教育的效果。因此，小学班主任在德育教育活动开展的过程中需要加强班级环境的合理建设，构建班级积极向上的文化，通过环境作用对学生产生潜移默化的影响。与此同时，班主任可以通过构建网络环境加强对学生的德育教育，根据学生的兴趣喜好设置一些有趣的动画片或者小游戏，让学生通过网络平台更好地接受德育教育，这样不仅可以规范学生的思想品德，也能提高班主任的德育教育效果。

三、结束语

综上所述，虽然德育教育并不是小学班主任的唯一工作任务，但是它却十分重要。因此需要班主任通过全新的教育理念不断探索和尝试新的工作模式，把德育教育贯穿日常教学的各个方面，在提高学生文化素养和思想道德品质的同时，不断提高自己的综合素质，这样才能与学生共同进步和发展。

参考文献

［1］邵玮玮. 德育教育在小学班主任工作中的重要性探析［J］. 中国校外教育，2018，25（9）：51+97.

［2］周晓虹. 小学班主任德育工作的实效性探索［J］. 华夏教师，2019（12）：92.

［3］张芝水. 新时期小学班主任德育工作思考［J］. 中国校外教育，2016（S2）：381.

班级管理策略

优化小组合作学习，构建数学高效课堂

榆中县太平堡小学　陈永明

数学高效课堂要求在有效的课堂时间内尽可能地提高教学效果，小组合作学习提倡在教学过程中促进学生对教学内容进行积极自主的合作式探究。课堂教学和小组合作两者结合，优化小组合作学习，能够提高学生的学习主动性，培养学生积极自主学习的习惯，构建高效的数学课堂。

一、优化组合，强化合作

1. 合理组建小组

小组成员的搭配应根据学生的学习成绩、学习能力、性别、兴趣爱好等进行。一般4~6人一组，尽量保证一个小组内的学生各具特色，能够相互取长补短，使组内成员之间具有一定的差异性和互补性，保证小组之间竞争的公平性，即遵循"组内异质"原则，形成互补，从而使小组活动有更多、更丰富的信息输入输出，使全班对数学课堂学习形成更深入、更全面的认识。组建好的小组间力求均衡，无明显差异，便于公平竞争，体现"组间同质"原则。

2. 明确要求和任务，做好示范

教师在小组合作前提出细化的教学要求和明确的教学任务。在学生小组合作过程当中，教师应给予恰当的引导及启发式的帮助。

3. 重视预习和课后的小组合作学习

小组合作学习不仅有课堂中的合作，课后合作也很有必要。这就要求教师提前布置任务，将预习的内容及要求告诉学生，设置前置性作业，让小组成员根据要求完成前置性练习，并让学生将未能理解的问题及知识点记录下来，带回学校一起讨论、解答。

4. 留给学生充分、独立思考的时间

要真正实现有效的小组合作，确保学生从合作学习中有所获、有所得，必须给予学生充分、独立思考的时间，尤其是在涉及语言现象、语音规律的时候，更需要让学生进行独立观察、思考，否则，合作只是一个空架子。

5. 调动学生合作学习的积极性

在学生合作学习的过程中，教师以监督者和参与者的身份穿梭在各小组之间，检查各小组的记录情况，打破个别学生垄断小组发言的情形，调动各层次学生学习的积极性。

6. 培养合作意识和合作能力，规范小组合作的语言环境

小组合作学习应以和谐、平等、文明为原则，充分尊重小组成员的个人想法和意见，杜绝"小权威"现象产生。接到任务，小组成员之间应互相讨论，每个成员表达了自己的想法后，在意见不统一、理解不一致时，需要通过讨论、争辩解决问题。

二、开展多维评价

教师要采取正面激励的评价，鼓励学生参与学习小组活动。

1. 组内互评

合理评价是小组合作成功的保障。例如，期中考试考完后的班会课上，让各小组对本组成员进行总结和评价。同伴的坦诚评价犹如润滑剂一般，能使学生在与同伴的磨合中不断反省自己、提高自己、发展自己。

2. 组间互评

在注重组内互评的同时，更注重组间互评，让学生对合作小组集体做出合理的评价，从中反映学生集体或个人的素质情况。

3. 教师评价

（1）对学生个人表现进行评价。教师应用赏识的眼光和心态去寻找学生点滴的闪光点，用赏识的语言进行激励，使他们的心灵在教师的赏识中得以舒展。及时有效地呈现激励性评价，能有效引起师生情感的共鸣。

（2）对合作效果进行评价。对合作效果进行评价主要是评价在小组学习中，学生能否主动参与到学习中来，学习的积极性和学习的兴趣有没有比以前有所提高，学生在小组合作学习中能否相互帮助、共同进步。根据各组记录的情况，教师参考小组互评的结果评最佳默契小组等。

三、合理规范小组学习制度

建立合理的小组学习制度，能激发学生的竞争意识，刺激他们的学习欲望，提高他们的学习兴趣，从而达到数学教学质量的全面提高。合作学习把"不求人人成功，但求人人进步"作为教学评价的最终目标，把学生个人计分改为学习小组计分，把小组总成绩作为奖励或认可的依据，形成"组内相互合作，组间相互竞争"的局面，使整个评价的重心由鼓励个人竞争达标转向小组合作达标。

四、小组合作学习模式中新元素的注入

事物总是在他事物的不断推动中向前发展的，学生的学习动力、小组间的竞争在一定的竞争机制下，一段时间的适应后也会有所减退。作为教师，一定要及时掌握学生各个方面的情况，以便适时地实行组长轮换。教师应在小组之间成员调整、小组学习活动内容多样化等方面扮演好导演的角色，真正使学生的潜在能力得以充分发挥。

如果爱，请用心

——一名青涩班主任的随笔

兰州市第十二中学　王秀青

时间去哪儿了？许许多多的人，面对时光飞逝，都在不停地追问。

一个懵懵懂懂的学生，一个意气风发的青年，褪去满身稚气，随着时间的推移，我终于成长为一名为人师表、踏实稳重的人民教师，对工作中的点点滴滴有颇多感悟。渐渐明白，属于我的时间，不仅在四年稍纵即逝的岁月里，在与学生朝朝暮暮共处的喜悦欢愉中，也在我为这个热爱的职业倾心泼洒的汗水里。

一、爱你们，不需要理由

古往今来，人与人之间，"爱"从来都是一个永恒不变的主题。关爱每一个学生，不放弃任何一个学生，是作为一名教师、一名班主任的我，应尽的责任。爱，便不求收获，不要理由。

记得上学期某天早上，我们班小包同学在最后一节体育课打篮球时，被一名初三的学生故意伸脚绊倒在地，当时他觉得胳膊有点疼，身体再无其他异样，没有第一时间告诉我，下课铃声一响就忍着疼痛悄悄回了家。到家后发现胳膊越来越肿，家长问起为什么没告诉班主任时，孩子不紧不慢地说："爸，王老师最近好像有比赛，看起来特别忙，我们就不要让她操心了。去医院检查下，若不严重就不告诉她了。"他父亲带着他去医院拍了片子，结果是胳膊肘骨折了，这才决定给我打电话确认此事。知道事情原委后，我非常担心，急忙向他父亲道歉，作为一名班主任我失职了。他的父亲很通情达理，没有责怪我，还让我不要太担心。听完以后，我内心五味杂陈，既有感动，也有自责。感动于一个初中孩子懂得体谅老师，自责于我要是能再抽出一些时间来，那就可以第一时间帮助他了。随后我也第一时间前往医院看望，一个星期内他也顺利地做了手术。后续，我找到初三那个孩子的家长沟通了很久，这件事情肯定不能让一方承担责任。最开始的时候，那个家长一个劲儿地胡搅蛮缠，想逃避责任，还对我恶语相向。这是我第一次遇到难缠的家长，委屈到流泪。我前前后后跟家长和学校沟通了一个多星期，满身疲惫，但是我依旧没有放弃，因为我知道我的坚持可以减轻学生家庭的负担。最终在反复协调之下，医疗费用由学校和双方家庭一起承担。一个多月后小包同学父亲带着他来到学校，他跟我见面的第一句话就是："老师，谢谢您，谢谢这段时间您对我的关怀。"家长紧紧握住我的手："王老师这段时间辛苦你了。"我瞬间觉得受的委屈烟消云散了。孩子重返校园，事无巨细，我都尽量顾全、过问，也安排了专人负责照顾他。在元旦联欢会上，他偷偷塞给我一张贺卡：老师，一次意外，让我懂得了什么是爱，什么是无私，什么是温暖，真的真的谢谢你！

　　记得刚当上班主任时，学生东东引起了我的注意。他走路一瘸一拐，上课常常走神，回答问题总是答非所问，课后独来独往，不和周围同学交流，学习成绩也不太理想。我带着疑问对其进行了家访，这是我第一次去学生家里。他的家庭情况太复杂了：亲生父母在他2岁时离婚了，将他送给别人收养。他在6岁那年出了车祸，因为某种原因腿没有恢复好，导致不能正常走路。同年，他的养父养母生了一个儿子，从此家人的注意力和关怀全部转移到了弟弟身上，他备受冷落和歧视。生活的突然反转让他变得越来越敏感和自卑。知道了这些，我深感痛心，他只是一个孩子，却承受了这个年纪不该承受的东西。我想唯有"爱"才能解开他的心结，让他走出阴霾。我也经常联系他的养父母，从侧面做思想工作，希望他们不要缺席孩子的成长过程，能给他一点爱。渐渐地，孩子接纳了我的关心与呵护，性格开朗了些，不再排斥与同学们交往，成绩也在不断提高。时间过去一年多了，现在在他身上已看不到那个悲伤的影子了……

二、为了孩子，我们一起努力

班主任的确是联系学校、家庭的纽带，而班主任在教育活动中更需要家长的密切配合。工作中，我不知道放弃过多少个休息日，也数不清打了多少电话与家长交流。家校联系中，我秉持"把真诚和尊重带给家长，把宝贵意见带回学校"的原则，理解家长的难处，以商量谈心的方式来交流教育孩子的得与失。

有一年，我的班里出现了一名令我头疼的"问题学生"。他父亲外出打工，母亲在东乡老家种地，在兰州租房供他上学，他平日一个人在家无人管教，流连于网吧、游戏厅，学会了吸烟、打架、喝酒。面对这种情况，孩子的母亲也是心力交瘁、无可奈何。他时不时就逃学，我给家长打电话，家长反而请求我帮忙寻找。晚上、周末，我无数次拖着疲惫的身体想尽各种办法找寻，有时却未必能得到孩子和家长的理解。有一次还惊动了派出所民警，我费尽九牛二虎之力请他的父亲到学校了解情况，还专门调课腾出了一下午的时间，跟他父亲共同探讨这个问题。刚开始这位父亲对我很是不屑，觉得一个年轻人有什么资格跟他谈教育孩子的问题，对孩子的各种表现也是不为所动。然而，我的坚持与努力、寻找与真挚终究说服了他。他决定在这儿找份工作，陪伴孩子左右，帮助他一步步走向正轨。一个月后，他果然没有食言，克服种种困难回到了孩子身边。自那以后，孩子也回到了我们这个大家庭并能够坚持每天到校上课，身上的社会气息没有那么重了。对他来说告别过去的颓废可能需要时间，所以我也决定用更多的时间陪伴他慢慢成长，迎接崭新的未来。作为教师，作为班主任，学生遇到困难，我愿意与他们一起努力。因为爱，便可以为孩子们，倾尽全力！

三、不知不觉，竟收获太多

爱学生需要持之以恒，自始至终。2020届是我带的第一届学生，一切工作都是那么的陌生，原来我也是个初学者，需要跟他们一同成长、共同进步。

我每天6点30起床，步行半个多小时，7点20左右赶到学校，比正常上班时间总是提前半个小时。每天迎候学生，清点人数，检查作业，督促学生完成各项准备工作，个别辅导一些学困生，做思想工作，日复一日重复着同样的事情。有时我也会因为他们的不懂事、家长的不理解而崩溃，但从没想过放弃。他们的一张张笑脸激励着我继续用自己的努力去坚持和践行属于我的教师梦。

时间去哪儿了？不是那一张张载满荣誉的奖状，也不是那一本本写着称号的证书。如果爱，如果真正无私地爱着学生，爱着这份职业，时间就镌刻在学生快乐成长的旅程中，镌刻在家长满意欣慰的表情里。两年的班主任工作，我最大的体会就是班主任要像爱护自己的孩子一样关爱呵护学生，与学生平等对话、用心交流，并以身作则、言传身教，以实际行动感化学生，使他们的道德素养、个性特长、文化科学素养不断得到提高。

总而言之，我觉得班主任在做工作的时候要做好三件事：第一，要和学生交心，让他们觉得你可以和他们成为朋友。同时，我们应该更新观念，实事求是，尊重学生，帮助学生，针对班级学生的具体问题，研究学生心理的个别差异，用科学、理智、有效的方法爱护学生，真正走进学生的心灵世界，缩短与学生的感情距离。班主任要深刻认识到，自己是医治学生内心创伤的名副其实的心理医生。第二，要有坚持不懈的教育勇气。教育是一项长期的工作，无论何时，班主任都不能认为自己的教育工作已经完成了，可以停止努力了。我们要在挫折中坚持到底，永不放弃班里的每个学生，要对学生怀有一种博大的爱，永不言弃，直至击败挫折。放弃是一个念头，而不放弃是一种信念。第三，永远保持热情。不为某些不愉快的事情自暴自弃，不计较眼前利益，给自己创造一个和谐的工作环境，把工作当作一种享受，寻找乐趣，永远保持对教育事业的热爱。

时间，依旧在飞逝，唯一不变的是我一颗爱的初心。

提高班级凝聚力，促进班集体和谐

兰州市第十二中学　王秀青

伟大的教育学家苏霍姆林斯基说过："集体是教育的工具。"的确，一个优秀的班集体主动开拓进取、全面发展，必将对每个学生的健康发展具有非常重要的潜移默化的教育影响和激励作用。构建优秀班级群体的关键在于以班级群体强大的核心凝聚力为后盾。第一次当班主任，我有一丝焦虑和担心，但又有一种强烈的使命感，心里暗暗发誓要为学生创造一个良好的学习环境，让每一个学生在集体中学会做人，养成独特的个性，掌握丰厚的知识，学会正确的学习方式。全班同学拧成一股绳，心往一处想，劲儿往一处使，形成一个有着很强凝聚力的班集体。

为了让班集体产生凝聚力，我觉得需要做好以下几点。

一、让学生树立共同目标

如果说一个班集体是一条正在远航的小帆船，那么班主任便是正在领航的船长，学生便是这艘船的水手，而班级目标便是指引着帆船科学前行的明灯。班集体共同奋斗的总体目标就是班集体的意志和前行的走向，如果班集体缺乏一致的奋斗目标，就会缺乏前进的力量。共同目标是否合理直接影响班集体的凝聚力。

所以，建设一个优秀的班集体就要树立共同奋斗的总体目标。总体目标有大有小，有中长期目标，有短期目标，等等。把班集体建设成一个良好的集体，这就是长远总体目标，是需要每个学生参与并一起努力才能实现的。要达到总体目标，就先要形成各种各样不一样的小目标，如学校常规活动评

班级管理策略

比先进，运动会拿到名次，德育活动做得有声有色，大扫除整洁美观，等等。一个个小目标都达到了，建设良好班集体的总体目标也就达成了。所以在班集体建设过程中，我一般都会给予学生自主权：一项任务落实之后要取得什么样的成果期望值，基本上都在班会课中让学生集体商议，做到人人参与，然后以公约的形式体现出来。学生对这种管理方式都觉得很亲切，很有号召力，并希望在集体的合力下充分发挥自身的能力，为实现班级的共同目标奉献自己的一分力量。

二、用实际行动引导学生

在教学实践过程中，身教大于言传，行为的重要性远远超过语言。当然，真正的教育不仅是在教学上，在德育活动和班级建立行为规范的实践过程中，也需要教师用实际行动去教育和引导学生，这样才能让学生从内心深处认同老师的价值观。例如，在一些德育主题教育活动中，尽管每个班级的节目异彩纷呈，但名额有限，没有得奖的班级学生心里难免失落，这时，如果我们单纯地用话语去说是无法使学生完全信服的。此时，班主任应该做出不计得失的表率，用行动去证明，再用话语去教育学生。如此，学生的记忆就会加深，以后碰到类似的事就知道怎么安抚自己了。

三、培养优秀的班干部

一个良好的班集体当然不能缺少有能力的学生干部，但是培养出色的学生干部又是建立一个成熟班集体的必要条件。许多时候教师并没有办法时时刻刻在学生的周围，所以这时就需要学生干部帮忙。班干部既可以直接和班主任交流，也可以与同学进行沟通，是增进师生感情的重要桥梁。一个和谐向上的班集体中，班干部是主心骨，在学生中的威望比较高，能够协助小组长解决日常的烦琐事情。所以，班主任在学生刚入校的时候就要清晰地认识学生的品德与才能，并择优而选。班主任可从学生的自我介绍、学业能力方面来选择合适的人选。组织能力较强的人可以担任班集体中的"班主任"，来负责班里的各种事务。或者班主任也可以让学生相互交往一段时间，然后互相推选，让学生协商分配好自己的任务，与班长共同负责管理班集体，从而使班集体中的各项管理工作逐步走向正轨。这样才能形成一个良好的学习环境，当然，班集体的凝聚力也会随之提高。

四、平等对待每一位学生

尽管任课教师是学生信息的主要接收者，而班主任又是整个班级的主要领导者，可是传统的前后端不平观念是不可以存在的。所以，身为班主任就应该对学生做到一视同仁，这样在班级中才不至于产生相互争吵或小摩擦。班主任首先要做的就是尊重学生，当发生一些状况时，要完全信任学生。如果班主任以班主任身份自居，无视学生的自尊心，班集体就不会有向心力和凝聚力。但是，班主任不能因学生学习成绩的优劣、相貌的美丑或是先天的缺陷而对学生另眼相待，应该时时刻刻保持着相同的热忱与亲切，使学生在校内能够体会到家的温馨，使学生不自觉地凝聚在一起。

语言往往不能赶超行为，最实际的语言是行为，行为能够让学生从小事中体会到班主任的温情与关怀。当学生面临生活中的问题或是身体上的病症时，最需要现身的人便是班主任。在学生患病的时刻，几句温馨的话就能够温暖学生的心田。学生在生活中遇到困难时，班主任挺身而出为他们排忧解难，会让学生永远记得。有过这样一件事：某天上午，我们班的一名男同学不小心在教室里摔倒了，我马上联系120把这名学生送往医院，预约挂号、叫大夫、拍片、拿药，一路陪着他、照顾他，直到确认他身体没有任何异样，我才离开医院。这虽然只是一件很普通的小事，不过对这名学生来说是永远无法忘却的，学生会感动、会感激。唯有教师与学生之间有了真诚的感情，在此影响下学生之间才会形成互相关怀、呵护的良好氛围，进一步提高班集体凝聚力。

五、用集体活动提高凝聚力

集体活动也是提高班集体凝聚力的好办法。多举办一些集体活动，就能够拉近师生间的距离，学生会觉得所在的班集体是温馨的、和谐的、安全的，是最具亲情的。互助的动力起来了，学生的成绩自然也跟着提高了，组成了互帮互助的大家庭。经过一系列的活动，学生都能够了解到自身的一些缺点，也能发现一些闪光点，同学之间找到默契，取长补短，从而达到两全其美的效果。这样的风气不仅是班主任或任课教师所想要看到的，也是学生理想的学习环境和氛围，这样的集体可以给予学生信心和动力，给予学生美好的情绪、归属感和集体凝聚力与集体自豪感。

六、总结

总之，良好班集体的建立并非一朝一夕之事，也并非一蹴而就的，更需要的是耐心以及热情和情怀。一个富有凝聚力的班集体会帮助学生树立团结合作意识，我想这对于他们是一笔终身受用的财富。教育之路任重而道远，在今后班集体的管理工作中，我还要不断反思总结，力争给学生创造一个优秀的班集体和积极向上的学习环境。

参考文献

［1］孙慧君. 提高班级凝聚力建设优秀班集体［J］. 教育艺术，2011（3）.

［2］马树明. 浅谈班主任应如何提高班级的凝聚力［J］. 天天爱科学（教育前沿），2020（12）：143.

［3］李敏. 巧借"集体活动"之力，增强班级凝聚力［J］. 试题与研究，2020（27）：124-125.

［4］李炳煜. 建设班级文化，提升核心素养［J］. 中华活页文选（教师版），2020（29）：118-119.

创设有效情境　构建理想课堂
——从一节低年级语文课看有效课堂教学

榆中县夏官营学区过店子学校　杨排风

情境教学是一种有效的课堂教学方法，更是保证教学引发学生兴趣、激发学生不断探索深化知识的新教育理念。它能发挥学生的主体性、积极性和创造性，学生一旦进入情境，便会对文本中刻画的人物、抒发的情感、阐述的哲理等产生一种亲切感，语文课堂便能拉近语文与学生的距离，培养学生对语文的学习兴趣。

情境教学模式运用于实际的语文教学不能盲目，要循序渐进。我们要努力抓住学生"学"的最佳切入点，站在学生的角度创设有效情境。下面结合低年级语文教学的案例，谈谈情境教学的具体操作。

一、设置情境，唤起学习兴趣

小朋友们，这节课，老师要带大家去一个地方（教师在黑板下方用几笔粗线条勾勒了一座小小的荒岛：这里没有鲜花，没有绿树，只有几块石头），然后指着画好的"荒岛"："你喜欢这儿吗？为什么？"学生纷纷举手，畅所欲言，有的说"我不喜欢这儿，因为这儿很荒凉，什么也没有"；有的说"这儿没有鸟语花香，我不喜欢"；也有的说"这儿光秃秃的，只有土黄色，太单调了，真不好，我也不喜欢"……孩子们说了很多不喜欢的理由，既为接下来学习课文体会小岛的好埋下了伏笔，也唤起了他们的学习兴趣。

在这个人烟稀少，毫无生气的小岛上住着一只小熊（电子白板出示："小熊"画，贴在荒岛上）。（引导观察）生活在荒岛上的小熊是什么样

班级管理策略

63

的？看看它的表情，学学它的动作，用一个词儿说说："这是一只＿＿＿＿的小熊。"（电子白板点"孤零零"）孤零零是一种什么样的感受呢？你有没有感到孤零零的时候呢？能不能说一说？现在，你把自己当成这只小熊，孤零零的，心里会怎么想？

通过看看、学学、演演、说说，再调动学生已有的生活经验，联系实际，在不经意间，学生感受到了小熊的孤零零，走进了小熊的内心世界。这一环节利用说话、朗读、联系生活来引导学生理解、感受"孤零零"一词背后的"孤独"，为后文小熊渴望朋友、想办法找朋友埋下伏笔。可以说，这儿"沉"得越深，学生对"这儿真好"的感悟就越透彻。小熊感到孤零零的，每天睡觉都梦见和许多朋友在一起玩。这时，天空飘来一朵云（师随手在小熊的上方画了一朵"云"），小熊怎么问的？没有朋友，小熊心里多急多难过呀！云儿不说话，飘来飘去变成了一棵树（师用粉笔在云旁勾勒了一棵树），云儿为什么要变成一棵树呢？

看着教师几笔就成形的"云儿、绿树"，孩子们个个睁大了眼睛，兴趣完全被激发出来了，对于"云儿为什么要变成树"，轻轻松松就找到了答案——云儿要小熊在荒岛上种树，只有改善了环境，才能找到朋友。于是，小熊明白了，它在岛上种呀种，种了许多小树苗。教师通过模拟展现小熊种树过程中遇到麻烦和困境的情境，让学生在情境中感受到小熊种树的艰辛。

一年过去了，两年过去了，这儿变得怎样了呢？——"漫山遍野、绿叶成荫"，教师在整座荒岛上勾画了一大片树林，每一棵树的叶子都长得绿绿的，连在一起，靠在一起，像一顶顶大伞。孩子们个个目不转睛，无须多讲，"漫山遍野、绿叶成荫"其义自现。顺势，教师吸引学生逐步入境："你们能帮小熊出出主意，使这儿变得更美丽吗？"顿时，小手如林，各种奇思妙想脱口而出："我想帮小熊种上一些草""我想帮小熊栽上一些花""我想帮小熊盖一所学校""我想挖一条河""我想造几座房子"……

二、融情入境，实现情感目标

孩子们兴致昂扬，渐入佳境。此时此刻，孩子们最想做的就是营造一个优美的环境，融入其中，充分体验。于是，教师抓准时机，让学生用自己喜爱的方式打扮、美化小岛。孩子们拿出课前准备好的彩笔、贴画等，有的剪，有的贴。不一会儿，"小岛"上布满了鲜花、绿草、果树、白云，还有几座漂亮的房子，一条清澈的小溪，一个鲜红的太阳……真是山清水秀，花红柳绿，一片锦绣！此时的小岛变得五彩缤纷，美丽极了。

这一部分启发学生想象，在情境中感知体验，以读促悟，以悟促读，让学生体会小岛上漫山遍野、绿叶成荫的美丽景象，从而感悟小熊种树的辛苦，形象地感受小岛上发生的变化。通过多媒体课件，引导学生运用自己的想象力、创造力填补了文本的空白。通过动画演示，启发学生想象小熊植树的过程，体会绿色小岛来之不易，引导学生越来越深入地走进课文所描绘的境界，从而感悟语言文字的魅力。

经过小熊的努力，这个小岛由原来的荒岛变成了漫山遍野、绿叶成荫的绿岛。小熊通过种树为我们创造了好的生存环境，难道你们不想对小熊说些什么吗？孩子们激情高涨地表演，展示了情境体验的魅力，体现了情境教学的核心实质。情境教学以生动直观的学习形式，充分调动学生在学习中的主体性，同时很好地诠释了带入情境的含义，就是把孩子们带入一种理想境界，既在情境中调动学生自身的知识积累对教材进行再创造，又使得教学内容新鲜而又有情趣，充分发挥了孩子们的主体性、积极性、创造性。孩子们在情境中练说，将文本的语言内化为自己的语言系统，培养了孩子们的想象力和口头表达能力，也达到了寓教于乐的目的。

三、升华明理，形成理性认识

孩子们，这儿真好，老师知道你们已深深地喜欢上了这个地方。如果你们看到有人在这儿乱砍树木、破坏房屋，你们会对他们说些什么呢？你们又会做些什么呢？孩子们踊跃发言，大多数都表达了美化环境、建设绿色家园的思想感情。

四、回顾课堂，落实情境教学

整堂课借助现代化的教学手段，用画面再现情境，用音乐渲染情境，用语言描绘情境，使学生入情入境，由境生情。这种资源的融合尤其适宜运用在低年级教学中。创设故事情境往往能让学生沉浸其中，为学生的朗读营造气氛，更有利于低年级学生运用表象进行形象思维，从而更好地理解文本内容。

1. 创设良好的情境，提供自由的空间

心理学研究表明：人在轻松和谐的环境里，思维才表现得最活跃。相反，在压抑的环境里，在禁锢的课堂教学气氛中，是很难产生创造性思维的。由此可以看出，创设良好的情境，提供轻松、和谐、愉快的空间，能使学生的思维最大限度地活跃起来，有利于其想象能力、创造能力的充分发挥。

教师创设"荒岛"情境，学生逐渐进入所设之境，同小熊一起从"孤单"到"渴望"，从"渴望"到"寻找"，直至"动手美化小岛"，最终"迎来各种小动物"，自始至终都处于一种轻松、和谐、愉快的环境之中。正是这种开放的空间使学生的思维异常活跃，创造力得到充分呈现，各种"奇思妙想"和"创造性的绘画"等都极好地证明了这一点。

2. 注重学生独特的情感体验

语文课程标准提出："语文课程的目标是全面提高学生的语文综合素养。"以上案例特别注重让学生体验：上课伊始，几笔勾勒出一座荒岛，初步体验小熊的孤单、渴望朋友之情。学生通过美化环境，深入体验美好的环境给大家带来的欢乐，情感得以尽情释放，态度得以轻盈体现。同时，教学关注学生的学习过程、方法，让他们潜下心来读书，自由交流，动手画一画，贴一贴，演一演……

3. 情境中的角色表演，充分体验

教师依据教材特点运用艺术手段巧妙地将荒岛搬到黑板上，把绿叶成荫的小岛移到了孩子面前，再现了教材内容的相关情境。学生一开始到"荒岛"上，进入"小熊"的角色，初步体验小熊的孤单、渴望朋友之情。随着情境的不断发展，学生通过"怎样寻找朋友"，即"美化环境"深入体验改善、美化环境对于寻找朋友的积极意义。最后，学生在各种小动物的角色扮演中充分体验到美好的环境给大家带来的欢快、愉悦之情。通过逐步层层体验，学生最终升华明理，知道改善环境、保护环境的重要性。

4. 创设学生主动参与的情境，由扶到放

从"设境激趣"到"入境激情"，直至"升华明理"，学生始终处于学习的主体地位，特别是"入境激情"这一环节，学生通过角色体验，完全融入情境，真正成了学习的主人。教师只是在关键之处做必要的引导、点拨与评价，教师的角色已发生了转变：由传授者转化为促进者、由管理者转化为引导者。只有把学习的主动权还给学生，让全体学生投入其中，充分参与活动，才能让学生的自主性、独立性和独创性充分显现。

　　本文主要是对教学中如何创设有效情境进行了探究，既是对情境教学的理解，也是实践中的实际操作。事实上，如何整合情境是每位教师所关注的，也是教学中必须面对的。

班级管理策略

在班级文化建设中渗透德育的尝试

榆中县夏官营学区过店子学校　杨排风

学校工作的中心是教育教学工作，教育教学工作的首要任务又是学生的德育工作。班级授课制是学校教育的基本形式，因而搞好班级德育工作对学校工作的有效开展十分重要。如何搞好班级德育工作呢？这个问题一直困扰着教育界的同人，人们也探索出了许多有效的措施。但是面对当今复杂多变的教育环境，面对学生思想十分活跃的特点，德育工作出现了许多困境，许多教师感叹：当今的学生难教难管啊！一个"难"字包含了德育工作的许多困惑和尴尬。

当今时代，科学技术突飞猛进，世界已经进入信息时代和网络时代，网络已经成为信息传播的重要途径，学生接触社会、接受教育的途径越来越广，越来越难以控制，学生思想越来越活跃，给德育工作带来了前所未有的困难。出路在哪里呢？与时俱进，大胆创新。

德育工作的对象是人，人是有思想、有感情的，人都有潜在的向上性。我们在实践中发现，通过班级文化建设来促进班级德育工作的开展，不失为一条好的途径，学生乐学乐做，学生融入了健康的文化氛围，在活动中自觉不自觉地受到了教育，规范了自己的行为。因此要充分发挥班主任的作用，对学生进行爱国主义教育。好的班风可以约束、熏陶每一个学生。古人云："近朱者赤，近墨者黑。"人的生活环境和所在的集体无时无刻不在熏染教育着每个成员，对于人的品格形成具有极为重要的作用。班主任作为班级的组织者和教育者，其工作决定着德育工作的质量。班主任是学校德育工作的中坚力量，班主任队伍素质关系到学校德育的成效和德育目标的实现。因此在班级文化建设中渗透德育，班主任不仅要抓好智育，更要重视德育；改进德育工作的方式方法，克服形式主义倾向；更新人才观念，克服用一个模式培养人才的倾向；必须树立为受教育者今后的终身学习打好基础的观念，树立使受教育者成为一个合格公民的观念，教育、培养、训练学生学会做人、学会求知、学会劳动和创造、学会生活、学会审美、学会健体。同时，班主任应根据社会主义市场经济对于人才素质的要求，确立人在经济社会生产中的主体地位，对于学生的个性和人格给予充分的尊重，使学生的个性和创造才能获得充分的发展。为此，班主任必须确立以学生为主体，以发展学生健康的个性和健全的人格为着眼点的现代德育观。班主任只有教书育人，为人师表，才能以自己的人格力量影响学生，培养学生高尚的道德情操，帮助学生树立正确的世界观、人生观和价值观。

在班级文化建设中渗透德育，具体做法如下。

一是办好班级学习园地。由学习委员负责，班长协调，把全班学生分成若干个小组，给每个小组开辟一块园地，每月做一次，评比一次，请其他班级的学习委员和班长与本班全体学生共同打分，请的评委与本班学生打分各占50分，根据结果，给各组分别加操行分，并且总结各组学习园地的特点，在全班交流。

二是开展手抄小报比赛。全班每位学生每月做一份手抄报，定时在班里悬挂，全班学生来评，同时请高年级的同学来评，从内容、形式等方面评选出单项优胜者和总评优胜者，给获胜者加操行分，发给笔记本一个或者圆珠笔一支。

三是开展多项体育活动。以小组为单位开展篮球、乒乓球、跳绳等体育类比赛，也可以以个人为单位开展棋类比赛，与其他班级开展体育友谊比赛等。

四是举办形式多样的文娱活动。例如，每月举办一次主题班会，庆祝教师节、中秋节、本月同学的生日等，形式可以是歌舞表演、演讲比赛、游戏等。

除了班级组织开展的文化建设活动，凡是学校开展的各项文化活动，都要在班内进行初赛选拔，鼓励学生为班集体争荣誉，不管成功与否，我们都要表扬和庆祝，让每位学生感受到集体的温暖，自觉维护集体荣誉。

为了搞好这些活动，在每学期开学初，全班要讨论本学期的活动，然后制订计划。各项工作由相关干部负责组织，班长和团支书负责协调工作，做到有计划、有总结、有评比、有鼓励，人人参与，人人有收获，人人有事情做，人人感到班集体少不了自己。

通过这些文化建设活动，将抽象的学生守则和日常行为规范具体化、生动化、趣味化，容易被学生接受。这些活动使班级德育工作建设有声有色，每位学生都在活动中得到了锻炼，学到了知识，受到了正确的人生观、价值观的教育，具有了竞争意识、合作意识，班级凝聚力增强，对形成优良的班集体起到了重要作用。

如何做好班级管理

兰州东方学校　张姗姗

管理好一个班级，要求对班级所有学生进行统一管理，也要班级所有学生进行逐一管理。班级管理要从大局出发做好整体，也要从局部出发做好细节。这种细节，要求教师循循善诱，因材施教；这种整体，要求教师加强班级的凝聚力以及向心力，在各项工作面前众志成城，齐心协力。为此，在总结本学期班级管理的过程中，在总结个人担当班主任的工作中，我有了以下班级管理的策略、见解。

一、知己知彼，设立学生管理准则

作为班主任要想管理好一个班级，就需要在班级工作开展之前，对班级的整体规划进行目标设定。其中最主要的内容就是在每个学期开学之时，在刚刚跟学生见面之时，就应该对学生制定好后续学习过程中的基本要求和基本规定；同时要及时组建优秀的班委会，培养班干部，让每个学生都有自己负责的内容，可以充分提升其工作能力和工作积极性，从值日卫生、作业督促、活动完成、思想协调等方面做好全面的安排，使教师即便没有时时刻刻管着学生，班级里的工作也井井有条。而在这一点上，在个人的工作过程中，我在本学期的工作中就针对学生进行了细节规划的要求，给每个学生设立了不同的细节要求和学习效率需要达到什么样的程度。比如，在课上讲小话会有什么样的惩罚；平时上课迟到之后的后果会怎么样；作业没完成会受到怎样的惩罚；作业完成得好，平时表现非常出色，会有什么样的奖励；等等。我把评价细则打印出来，张贴在黑板的左侧；班级的评比栏就设置在黑板右侧，所有的加分、减分都即时进行，做到公平、公正、公开。我会给每个学生发一个心愿存折，用来积累自己的奖励印章，一定数量的印章可以兑换班级币。不同数量的班级币对应着不同的奖品。第一天，让学生了解我后续在班级管理过程中的风格态度，给他们吃了一颗定心丸，也为自己后续的工作设定了一定的目标。

二、专注教学，有松有弛做好管理

所谓"人不学，不知义"，一个人如果要使自己更出色，使自己有更好的发展，就必须充分学习不同类型的知识。比如，在前期备课写教学设计的过程中，认真阅读教参，学习他人优秀的教学设计；积极参与每一次教研活动，观摩优秀教师的课堂教学，学习丰富的课堂评价；在发现问题和不懂的地方时，及时向身边的教师询问；等等。在做好个人能力提升之后，再进一步去落实课程教学工作，所以在本学期的教学中，我坚持在日常上课时积极运用灵活生动的方法。比如，考虑到不同学生之间的差异，我为他们设置上课过程中的游戏答疑小环节，针对课文所讲解的内容，让学生自主进行提问。记得有一堂课的教授过程中，学生问到了一些比较偏的知识，甚至问起了某一个人为什么叫这个名字，原本我是不想回答这个问题的，因为课堂的时间比较紧，不仅要给他们讲授课程内容以及基础要点，还要为他们讲解课内习题，但是在看到这个学生眼中闪烁的光芒以及其他学生都想知道问题结果的渴望时，我便为他们插播了一段跟课文有关的小故事。在内容讲解之后，确确实实提高了学生对于课堂的兴趣，后续的课程中，绝对的、安静的纪律被打破了，课堂变得更加活泼且自然，而我在这堂课上的体验也非常好，之后在内容考核及课堂反馈的时候，学生对于本堂课知识的掌握也很深，基本上能够灵活地运用相关知识，达到了个人在活动课程设置之前的要求，取得了较好的反响。

通过这一点我深入地认识到，在实际上课的过程中，应当及时关注学生的心理变化，以学生为课程的主导，不要过多地关注课程或者是教材教学任务是否能够完成，毕竟我们的教育是以学生为主的。同样地，在管理方面也应当以学生为主。就如本次课堂纪律被打破，虽然没有维持一个看上去让人舒心的课堂，但却充分启迪了学生，启发了学生，所以我认为在实际的班级管理过程中，应当有松有弛；当学生学习知识的求知欲比较强的时候，我们应当积极回答他们的问题，帮助他们答惑解疑。

三、培养习惯，一点一滴决不放松

"勿以恶小而为之，勿以善小而不为。"孩子将来会成为什么样的人，往往取决于他们的习惯，而他们的习惯往往取决于生活中一点一滴地培养。在班级管理过程中，我认为教师不能只关注学生在课堂中的表现，或者是自己能够看见的他们在学校里的日常，而是要深入地去挖掘他们做得好的地方以及做得不够好的地方。比如在乱扔垃圾方面，无论是在教室里还是在教室外，教师在看到之后都应该对他们的行为进行指正，不能因为懒得讲或者不想讲，就忽略了一次改正学生不良行为的机会，但也不能过分苛责，否则会使学生失去自信心，变得自卑且敏感。就以我个人日常管理为例，进行说明。有一次，我看到一个学生书桌摆放比较凌乱，我没有选择直接批评他，而是在上课的时候讲了一个关于如何整理自己课桌的故事，同时提出了我们班上有些学生课桌整理得非常好，"干干净净的，就如同他的小脸蛋一样"。听到这句话之后，很多学生都不自觉地去翻了翻自己的课桌，把书摆得更加整齐，并且还挺胸抬头，端正了自己的坐姿。而那个原本桌子上东西摆得很乱的学生也立刻进行了整理，丝毫没有发现这是我的一个"小计谋"。

四、扩展提升，深入学习不断开拓

孔子曰："学而不思则罔，思而不学则殆。"学习很重要，但是也要有自己的思考。要知道学生仅学习书本上的知识是不够的，只会阅读课本的内容、会背也是不够的，教师应当引导学生不断地去学习课外的知识，自觉主动地提升自己。比如，教师可以给学生讲解一个小故事，然后通过这个小故事引出一本书，最后把书名写下来，让学生在课外的时候去看，看完了之后教师再开展读书分享会，一方面加深学生的认知；另一方面对学生的作业完成情况进行评估和检测。这样的过程加强了学生的语言表达能力，在自主阅读的过程中，促使学生联系实际进行思考，再联系生活中的其他物体，从而培养他们的感悟能力。当然,这个活动还能进一步延伸,教师可以针对学生的所学所获,开展一定的社会实践活动。所谓"知行合一",就是通过学生的进步,来将理论落实到实践中,不仅培养学生的基础能力,同时培养他们的思维发散能力。

五、时常督导,鲜活班主任的形象

作为除了亲人之外,离学生生活最近的班主任,一方面,应当时刻细心地关注学生的方方面面,在班级管理的过程中,要常常露面,在课程结束后,提醒学生做好下节课的准备,在平常大课间或者眼保健操时,要求学生认真完成,在课上进行课堂练习时,提醒他们注意坐姿,等等,从身边点点滴滴的小事培养他们良好的学习习惯。另一方面,班主任要用心观察每一个学生每天生活过程中的一些小细节,了解他们的心理状况,通过方法的运用以及教学机智,让他们真正在学校里茁壮快乐地成长。同时班级管理需要多种形式的检查来配合。就拿我的班级来说,我设置了"心语信箱",告诉学生,每天可以把自己想说的话、一天的感受、自己的愿望等投放进去。我会定期打开信箱,根据学生写的内容一一进行反馈。这样,那些胆子小的学生也有机会与我进行沟通,同时大家会互相监督,发现问题写在纸条上投放进信箱,也不怕被其他同学说自己爱打小报告。这种形式深受学生的喜爱,效果也特别好。

六、家校沟通,详细掌握学生情况

班主任要时刻针对每个学生的不同情况进行深度了解,就需要有效做好与家长之间的沟通,对学生的动向有一个准确的把握,对学生的家庭情况和心理状态时刻关注,让他们在发展的过程中积极向上,随时保持乐观的态度,在出现问题之后,作为班主任的我们能够及时了解情况,并且帮他们解决问题。

作为班主任,就相当于学生的第二个大家长,我们不仅要关心他们的成绩,也要关注他们的身心健康。在关心学生的过程中,我们不能单纯地采用强硬的措施和冰冷的制度,要学会不断用爱去感化他们,让他们树立正确的人生观和价值观,用自己的一言一行,真正获得桃李满天下的成就。"春蚕到死丝方尽，蜡炬成灰泪始干"，乃师者久久寻求之志；仁爱，则为职业生涯中熠熠闪光之心。我有理由相信，在教室这片大海的高帆悬挂之后，我会有青春的意气风发，平凡而不甘于平庸，日复一日为国家基础教育事业贡献源源不断的力量。

我和我的"班级天堂"

兰州市七里河区王官营中心校　张玉婷

有人说，当班主任很累、很忙、很难。的确，班主任工作琐碎而辛苦。在我看来，做一名优秀的班主任，必须拥有极大的爱心、坚定的信心、高度的责任心、充足的耐心和有效的方法。在与孩子们相处的时光里，我始终记得这句话："把学生看作魔鬼，你就生活在地狱中；把学生看作天使，你就生活在天堂里。"

我所任教的学校是一所农村小学，学校位于七里河西南部素有"兰州珠峰"的大尖山脚下。我们班的孩子中有两个单亲孩子、五个留守儿童，孩子们各方面参差不齐，礼貌、卫生习惯都很差，家长不识字，家庭教育缺失。这群孩子有沉默寡言的，也有活泼可爱的，真正应了那句话"一花一天堂"。每个孩子都有与众不同的个性和特点，如何管理这样的班级呢？我静下心来，阅读专业书籍。这时候，朱永新老师和他的新教育理念让我豁然开朗：朱永新老师倡导"过一种幸福完整的教育生活"。新教育如一缕春风吹遍大地，连我们这偏远的山区小学也沐浴了春日的温暖。我要带着孩子们一起构建属于我们自己的"班级天堂"，追求理想，驶向幸福的教育生活。在这个天堂里，需要四颗心：极大的爱心、充足的耐心、高度的责任心和坚定的信心。我在班级管理中，处处渗透这四颗心。

一、在班级建设中，注重规则教育

我会和孩子们一起制定各种规则，并由他们自己监督。班主任在学生面前要以身作则，严于律己，许诺后一定得兑现。比如，农村孩子不习惯说普通话，于是我们商量决定，不说普通话，就写下来；或者说一句方言，就得说十遍普通话。渐渐地，孩子们在校期间都能用普通话交流，普通话水平也有所提高。如今，大部分学生应答自如、能言善辩。有位男生已经连续两次是我校六一主持人了，还有几个孩子是校广播站的得力干将。

二、创设良好的班级文化

班级文化建设我也和孩子们一起完成。起初，班级布置、黑板报均由我一人完成，后来在我的鼓励下，孩子们都参与进来了，现在这些工作大部分都由孩子们来完成。班级布置、黑板报处处渗透着阅读的重要性。除了注重"班级天堂"的硬文化，我还关注软文化建设，因为"没有规矩，不成方圆"。

在班级文化中，我经常会有意识地渗透阅读理念。同时，我借助大队辅导员的工作之便，以学校的各项阅读活动为教育契机开展班队活动，努力将我的班级打造成"书香班级"，既提高了班级凝聚力，又培养了孩子们的阅读习惯。正如朱永新老师在"新教育"中提到的：读书，是孩子们净化灵魂、升华人格的一个重要途径。

三、发展家校合作

农村家长普遍受教育程度不高，对孩子的学习不重视或是心有余而力不足，于是我经常利用家长会、电话等方式，改变家长对孩子教育问题的重视程度。我发现班上有几个年轻家长有微信，于是我创建了班级微信群，及时和家长沟通，介绍一些好的家庭教育方法。我要求家长尽可能和孩子一起学习，营造一种良好的学习氛围，并要求有条件的家长将每晚孩子的学习情况直接发给我。我从各个方面挖掘孩子们的闪光点和一点一滴进步，记录到自己心里，及时表扬和鼓励他们。我也会经常说：你们都是最棒的！这学期进步最大的就是你了！老师越来越喜欢你了……当我和家长交流时，经常听他们说起，孩子们回家说老师又表扬他什么了，一脸兴奋，然后那几天在家表现就会特别好。

四、用心捕捉每一颗心灵

每个孩子都是天使。作为班主任，要用心关爱每个孩子，和孩子平等友好地相处，亦师亦友。

爱是相互的。虽然班主任工作很琐碎，但我依然喜欢当班主任，因为付出一份爱，收获的则是更多份纯真的爱。每一天，当我迈着从容的步伐踏进校园时，孩子们就会亲切地喊："老师好！"我的心里洋溢着快乐和满足；每一次当孩子们问我"老师你累不累时"，我的心里都充满了欣慰与喜悦；每一次当我身体不舒服时，孩子们都会关切地叮嘱我按时吃药，我的心里弥漫着满满的感动与幸福。如今我们的班级天堂充满了幸福、温暖和满满的爱。

"路曼曼其修远兮，吾将上下而求索。"在教师的队伍中，在班主任的道路上，我将用我的爱与责任诠释教师的平凡与高贵，不忘初心，砥砺前行，播撒希望，一路花香！

教育案例

座位"密码"

兰州市七里河区火星街小学 刘 岩

班主任工作千头万绪，小到处理争吵纠纷，大到班级组织建设；小到个别孩子的心理疏导，大到群体学生的心智调适；小到上好一节课，大到上好每节课……无论是宏观调控还是微观调整，都需要班主任花心思，动脑筋。就拿编排座位来说，既需要技巧，又需要方法。

关于教室的座位，网上流传着一句话：前排座位，学霸的阵地；后排座位，学渣的天堂。学生学习不用功，行为不端正，都会被"罚"至最后几排就座，久而久之，破罐子破摔，恶性循环在所难免。看似玩笑的一句话，却也道出了实情。

殊不知，安排座位是项技术活，既然是"技术活"，那就得遵循技术原则。

一、身高原则

毫无疑问，身高应该是编排座位首先要遵循的原则。教室的桌椅板凳高低大小是固定的，小个子坐前排，大个子坐后排，顺理成章。鉴于少年儿童生长发育的不同，每学期新入学一定要对座位进行重新安排。一学期一次的大调整，目的在于依据学生的发育情况提供最为舒适、最为健康的学习环境。

二、性别原则

俗话说得好：男女搭配，干活不累。座位安排，也应该将性别搭配置前，这一方面是学生心理发展的需要；另一方面是为了培养学生的性别意识，让学生正确认识自己的性别，学会和异性相处。这并非小题大做，它将对学生能否顺利度过青春期，能否形成健全的人格产生重要影响。

三、性格原则

有多少个学生就有多少个小宇宙，这些小宇宙绝不雷同。性格迥异也是编排座位中不能忽视的因素。性格相似或是相同的学生坐在一起，会出现两个极端——要么暴风骤雨、震耳欲聋；要么波澜不惊、悄无声息。为了防止出现极端的场景，适宜给性格外向的孩子安排性格内向的同桌，一来彼此互补，二来调节课堂气氛。

四、互助原则

为了形成班级良性竞争的学习氛围，安排座位还要考虑同桌之间的合作互助。优秀学生和中等学生、中等生和后进生，简言之，好、中、差搭配落座。学生之间潜移默化的影响有时会强过教师一味地说教。与此同时，同桌之间的互相帮助能让后进生在班级里享受到尊重和温暖，这也是转化后进生的策略之一。

五、特殊原则

凡事都会有例外。"特殊原则"就像一张特别通行证，根据班级里突发的特殊状况或是特殊因素安排座位。具体来说，就是根据个别学生的学习、生活、心理、生理等及时进行座位调整，如设立VIP专座、爱心专座、进步专座、惩罚专座等。李镇西老师认为：没有惩罚的教育是不完整的。我们可以利用座位，对犯了错误的学生进行教育、疏导。当然，"惩罚专座"有时间的限制，状况一旦改观便立刻调整。因为时间太长会适得其反，时间太短又不见成效。

随着年龄的增长、学生个性的发展和心智的成熟，个别学生会提出调换座位的要求。面对学生的要求，班主任不可仓促调整，更不可置之不理，要观后再动，力争做到"动一人助一片"。

有人可能会说，不就调整个座位，至于思前想后、煞费苦心吗？我觉得很有必要。

生活处处皆学问。任何周密的考虑和决定都会成为班级管理的润滑剂。

生命的河流

兰州市七里河区火星街小学 刘 岩

山间潺潺的溪水，顺着山势，带着花香，伴着鸟语，时而湍急，时而缓慢，悠悠地流向远方。

河流，如奔腾不息的生命；生命，亦如奔流不息的河水。我是河里的一条小鱼，享受着阳光的滋润和大地的爱抚，涌动出一段属于我的历程。

2019年，我写了24个孩子的故事。

2019年，我记录了24段不同的成长经历。

2019年，我用我的文字、我的真心、我的眼睛，帮孩子们书写成长的故事。

2019年，对我而言，非比寻常，我成了"新教育"中的一员。

"新教育"行动，让我激动不已。我是一名班主任，教室是我的家，是我和学生共同成长的甜蜜花园，是生命叙事的第一现场。

在这个花园里，有各色鲜艳的花，有青翠欲滴的草，有苗壮挺拔的树，你伴着我，我陪着你；你看着我，我看着你；彼此拥有、彼此照应、彼此守护。而我就是那个最幸福的园丁，花园里的一草一木，一蜂一蝶，看在眼里，喜上眉梢——我在打造天底下独一无二的魅力家园。

花儿的笑脸、小草的奔放、树苗的健壮，这一切的美好，我该怎样拥有并且不会遗忘呢？我想到了"新教育"行动中的"生命叙事"，我要用香的墨去记录真的事，我要用真的事去实现甜的梦。

记录一个孩子的故事，并不难，难的是记录很多个孩子的故事。工作的琐碎、生活的疲劳，很多时候让我们静不下心来去认真做一件事，更别说是长久地做一件事了。值得自豪的是，我坚持了下来，虽然故事很短，虽然道理很浅，虽然还有很多不足，但是200天的工作时间里，平均一周一个孩子的故事，我做到了。

"只要坚持，没有什么做不到的。"我时常提醒自己。

"新教育"如动力的源泉，激励着我不断前进、不断尝试、不断努力。于是，我笔耕不辍。

班上54个孩子，有转来的，有转走的；有外向的，有内向的；有优秀的，有后进的；有安静的，有顽皮的……他们个性鲜明，聪明伶俐。他们天真可爱，在我眼中，他们独一无二。我告诉自己：一定要帮孩子们记录美好的瞬间。

乖巧的小娟和小欣因为家庭的原因，上一年在学习上频频出错。了解原因的过程中，她们在我眼前流下了泪水，那晶莹剔透的水珠深深地流进了我的心里。我安慰她们，鼓励她们。当灿烂的笑容洋溢在她们稚嫩的脸上时，我心头的大石沉沉地落地了。或许，城乡接合地区的孩子无法避免父母离异再婚、危房强行拆除租住旅店的遭遇，可是成人的错误或者是失误，真的不该让孩子们受到惩罚和伤害。

顽皮的小龙、天云、浩旭、小腾隔三岔五惹麻烦，不是打架，就是逃学。别的班的家长，别的班的老师，别的班的同学，纷沓而至。我气恼，可我不能烦躁。"争强好胜"是男孩子的性格特点，我理解他们，所以我不能以暴制暴。于是，我帮他们分析，帮他们调查，还他们"清白"。一次、两次、三次……我知道未来还会有很多次，但帮他们健康平安地长大，难道不是班主任的职责吗？

鸿脯、海涛、莎莎、小博这些优等生，学习上无可挑剔，可是心灵上却相对脆弱。身为班干部，因为和老师走得近，因为是老师们口头表扬的对象，同学由低年段的崇拜到高年段的疏远和妒忌，甚至回答问题出错时同学们的嘲笑，这些林林总总让他们变得越来越敏感和脆弱，他们也是需要呵护和照顾的群体。

甜甜的《三个橘子》是对我工作的肯定，《祝福转走的孩子》是我对转学孩子的祝愿，《孩子，老师错怪你了》是我向被冤枉的孩子诚挚地道歉，《五个圈和一个圈》《友谊的小船划呀划》《当班长得有真本事》是我帮孩子们处理交往中的小矛盾，《双胞胎升旗手》《小帅，帅帅的》是我帮孩子们找寻成长的自信，《小妖般的童声长大了》《是巧合，更是教育的契机》是我帮孩子们记录成长中的点点滴滴……

一个故事，便是一个生命；一个故事，就是一段成长。没有高大上的理论，只有我对孩子们的一片真心。

我是幸运的，能和54个孩子一路前行；我是幸运的，能够见证54个生命的绚烂绽放。

"新教育"如春风、似雨露，唤醒了我执着的笔尖，唤醒了我火热的激情。听，键盘上发出的嗒嗒声，那是我在为学生书写美好；听，笔尖下发出的沙沙声，那是我在为学生书写童年。

我愿意、我喜欢、我努力。

我要让每个孩子的故事在指尖上跳跃，我要让每个孩子找到属于自己的那颗星星。若干年后，他们将会是我非金非银的宝贵财富。

2020，我们的故事继续上演……

爱的沟通

——浅谈与家长交流的技巧

兰州市七里河区火星街小学　刘 岩

　　新教育认为：每个孩子都是各具特色的，与众不同的。同理，每一个家庭也是独一无二的存在。无数成功的案例告诉我们：家庭教育在孩子的成长过程中起着举足轻重的作用，缺失家庭教育的孩子成长是不健康的。家庭教育也成了学校教育重要的组成部分，只有家校联合，学生的发展才能更全面。及时并顺利地和家长沟通成了班主任工作的重中之重。和家长沟通是需要技巧与方法的，如果技巧掌握得好，对于学生的教育会事半功倍；如果技巧掌握得不好，不但会影响对学生的教育，可能还会使其成为班主任工作的阻力，所以，我认为和家长沟通是需要技巧的。

　　技巧一：要善于倾听，及时捕捉信息

　　上帝给人类创造了两只耳朵，就是要我们学会多听，生活如此，工作如此，与人沟通更应如此。班主任工作很琐碎，孩子们的偶发状况有时真的会让人应接不暇。班主任和家长的沟通交流在所难免。沟通时应该多倾听家长的话语，捕捉重要信息，以便解决问题。

　　我们身边不乏这样两种老师：一种是像机关枪一样给家长倾倒学生的问题，说完甩给家长一句怎么办；另一种是严声呵斥，像批评学生一样批评家长。你会发现有的家长在一连串的"妙语连珠"中脸由白转红且蔓延到耳根，有的家长眼神飘忽不定、心不在焉，也有的家长一个劲儿地赔不是："老师对不起。"其实和家长沟通我们关注的应该是问题的解决程度和效果，而不是指责家长。这样的会面效果不是完全没有，但是家长的心里能承受多久或是几次"一言堂"？可怕的是，这样的沟通会加深老师和学生之间的矛盾，给学生造成"老师一叫家长就倒霉"的错觉。我们称这样的沟通为"无效沟通"并不为过。

技巧二：要心平气和，用真情换真心

俗语说得好：气大伤身。教师这个职业"生气"如影随形，逃无可逃。尤其是班主任，每天面对种种问题，生气发火在所难免，甚至有时候会将这种"罪责"迁怒到家长身上，因为"有什么样的家长就有什么样的孩子"（这样的言论难免过于武断）。众所周知，受教育者会随着环境、时间、事件、人物的变化而变化，作为班主任首先要明确的是：犯错的是学生，不能迁怒于家长。哪个家长都不会告诉孩子拿石头打人，去抢同桌的文具，一旦问题出现，最忌讳班主任暴跳如雷。

还记得那年学生升入了五年级，一天下午课前两个孩子争抢篮球，导致其中一个孩子小手指骨折，医院处理完毕后，我叫来了肇事孩子的家长，商量赔偿的事宜。谁知，家长一进办公室就大呼小叫，并生气地将200元钱扔在地上转身就要走。年轻气盛的我捡起200元钱扔给家长，甩给他一句"不用你赔"。第二天，我很严厉地数落了这个孩子。谁知，下午听学生说他父亲去找校长了。第三天早上，那个学生收拾书包休学了。后来，听说他的父亲和校长也吵架了，扬言孩子上学写作业太累，不让孩子上学了。这件事虽然已经过去很久，但让我意识到和家长沟通心平气和是最起码的原则。因为班主任心平气和，才能让家长体会到老师的良苦用心；因为班主任真诚相待，才能让沟通变得轻松愉悦。

技巧三：要先表扬，再批评

"赏识教育"提倡教育者多表扬，少批评。没有家长不希望自己的孩子优秀，老师的表扬是对孩子最大的肯定。同理，和家长的沟通最好也能以表扬开始，先告知家长孩子的进步，肯定家长的教育是有效的，稍后再进行问题的叙述，就像我们写作文，设置悬念调动起兴趣，后面的事就好办了。或许这样的沟通技巧还会化解班主任和家长在沟通时产生的矛盾。

有些班主任会抱怨："一天那么多的工作要做，哪有时间和家长聊天，问题说完让家长自己想办法解决。"不可否认，有这样心态的班主任不是少数人，那么我们不妨换位思考一下，如果我们的孩子遇到这样的老师，将会是一件多么可怕的事情，更何况"如果你认为工作只是为了解决温饱穿衣的问题，你注定不会成功；如果你认为工作是事业，你就已经走在成功的路上了"。看来，班主任和家长的沟通一定要注重技巧，尤其要驾驭好批评的艺术，用爱心感化家长，使他们理智地与老师一起解决问题，工作起来就容易多了。

技巧四：针对不同的家长，采取不同的方法

教育提倡因材施教、因人施教，指针对不同的学生采取不同的教育手段和方法，以此达到教育目的——培养优秀的人才。因人施教的说法在和家长沟通时同样适用——不同的家长采取不同的沟通方法。如果班主任能意识到这一点，和家长的沟通就会事半功倍，反之则事倍功半。"学生是家长的缩影"，观察学生的确可以看出家长的影子，孩子内向家长多半比较腼腆，孩子说话蛮横家长多半语调强硬，孩子文质彬彬家长多半通情达理……总而言之，如果班主任对孩子的脾气秉性比较了解，那么和家长沟通采取相应的策略就不是什么难事了。

掌握了以上几个沟通的技巧，再对家长的具体情况进行简单的梳理，我们的教育沟通便会"如虎添翼"。经过多年的观察、分析和研究，我发现，家长有这样几种类型。

第一类：积极主动型。

这类家长的孩子大多学习成绩较好，家长乐意和老师沟通，这样的家长沟通比较容易，我认为班主任尽可大胆地交给他们一些班级事务。

第二类：焦躁不安型。

这类家长的孩子无论是学习还是生活都存在问题，缺乏信心。对于这类家长，班主任要给予方法的指导和心理上的安抚，与这类家长沟通比较频繁，多表扬无疑是沟通的润滑剂。

第三类：自以为是型。

这类家长人数不多，条件比较优越，容易自我膨胀。班主任应该明确告诉这类家长学校不存在等级分化，不要用自己的言行影响孩子的成长和发展。

第四类：粗暴无礼型。

这类家长是最令班主任头疼的，我们可以采用"退一步海阔天空"的方法，没有必要和他们针尖对麦芒，以暴制暴并不是和这类家长沟通的方式。

　　"老吾老，以及人之老；幼吾幼，以及人之幼。"既然选择了做一名教师，那么肩上注定有了这份泰山压顶的责任；既然选择了做班主任，那么心中自然就有了这份割舍不下的深情。

　　让我们和家长携起手共同构建孩子美好的未来吧！

别让学生为"恶作剧"背上思想的包袱

兰州市七里河区火星街小学　刘 岩

《读懂小学生》一书在序言中写到：曾经，有很多人认为小学教师最好当，原因是，小学阶段知识浅显，稍微准备一下就可以讲课了，其他的，就是带着孩子们玩儿……随着社会的发展，许多新情况出现了，学生除了成绩的问题，还有青春期的问题、意志情感的问题、社会交往的问题、道德和价值观的问题等，这些都与小学阶段的教育密切相关。

小学六年是学生变化最大的六年。六年中，从懵懵懂懂到翩翩美少年的成长伴随着各种各样的问题。对于这些问题，身为班主任的我们必须掌握处理的技巧。否则，留给学生的是快乐的记忆还是痛苦的记忆，我们无法左右。

这件事发生在周三早上。

第一节课下课我刚回到办公室，QQ上就传来一张照片。仔细一看，在班级"知识园地"中的美术板块上赫然显示着"你大爷"三个字。一看就是哪个小子的恶作剧，我心想下课去处理，不承想，上课的老师打来了电话，要调监控。我便去副校长室准备一看究竟。

画面还没切换好，任课教师进了办公室，要亲自查看，因为没有人"认领"这三个字。于是，我便去教室调查此事。

从四楼到三楼，楼道里除了上课老师的声音，没有其他杂音。我一边下楼，一边思索着该如何处理。走进教室，我看了一眼黑板，问学生："字是谁写的？请站起来。"

一秒、两秒、三秒……

我料到不会有人站出来，因为此时事情已经发展到这个孩子不敢承认错误的程度。再次环视教室一周，几个调皮鬼趾高气扬地看着我，似乎想告诉我：不是我写的。

"全体起立。"

"哗啦啦"，孩子们齐刷刷地站了起来，并将凳子推到桌子下方。

"全体向后转。"

孩子们转身，回望我，不知道我要做什么。

"全体闭上眼睛。"

……

"闭好了吗？"

得到孩子们肯定的回答后，我接着说："做了这件事的同学请举起你的左手。"

孩子们站得像一棵棵挺拔的树。一秒、两秒……突然，一个孩子伸出了左手，并回头睁开眼望向我。

原来是他！

"老师已经知道是谁了，准备上课吧。"我没有多看举手的孩子一眼就走出了教室。

回办公室的路上，我在想：孩子能承认，其实已经是对我的班主任工作最大的肯定和信任了。幸好，这个孩子举了手。只是我没想到会是他，一个我引以为傲的好学生。他是班上的优等生，照理说，优等生是不会违反学校和班级的纪律的，可今天他为什么敢在黑板上留下骂人的话？是贪玩，还是真的有所指？一串问号在我的脑子里打转，我想我必须调查清楚。

下午班会活动开始前，我问孩子们是否知道这个人是谁。很多学生说出了他的名字。我很好奇："你们是怎么知道的？"

周二的值日小组长说："第一节语文课下，我们三个人在黑板上写了字，不是我，不是小马，就是他了。"说完，他望向了"你大爷"的创作者。

孩子局促不安。我们需要给他解释的时间：本来是写着玩的，改了道数学错题，回头就忘记了。

原来，一时贪玩，并无恶意！

我告诉学生：黑板是我们学习知识的地方，不允许这样带有歧义并且偏向辱骂成分词语的出现。我在讲述这些话的时候，语气是平和的，就是在我平和的语气中，孩子哭了。

我告诉孩子：端午假期结束后，我们好好谈一谈，我许诺孩子今天的事不告诉他妈妈。

……

三天假期结束后，我把孩子叫到了办公室。恰巧办公室没人，我问孩子："现在能告诉老师为什么写那三个字吗？"

孩子面带羞涩，说道："我看到同学们经常在黑板上乱写，我也想写写试试，看看同学们有什么反应。"

"同学们都写的什么呢？"

"奥利给之类的。"

"那你写了之后呢？"我目不转睛地望着孩子。

"本来想着写完就擦掉的，谁知道改了道错题，就忘记了。"

"告诉我你体验之后的感受，或者说这件事发生后你的想法是什么？"

孩子沉默不语。

我拉起他的手，告诉他："我们做的事情永远无法知道看到的人会怎么想，因为不同的事，不同的人会有不同的处理方法。但是，绝不能因为我们自己的过错让集体受到伤害。老师希望通过这件事你能吸取教训。"我顿了顿，接着说："你发现同学们对你的态度有没有变化？"

孩子用力地点头，并告诉我几个同学用异样的眼光看着他。出现这样的结果是必然的。于是，我和孩子拉钩：从下节课开始，他积极发言，我积极叫他发言，让同学们看到刘老师没有因为这件事不理他，大家心中的不满自然也就消失了。孩子一边和我钩小指，一边歪着脑袋笑。这笑容是知错就改后的成长，是老师信任后的满足，是试错吃亏后的醒悟。

周三的追查，我留给了孩子足够的自尊，今早的询问我打消了孩子的疑虑。

龙应台曾说：孩子的成长过程就是一个不断试错的过程。我们都是这样过来的，有时跌跌撞撞，有时头破血流。如果我们对学生的每一次错误都小题大做，他们还怎样自信勇敢地成长起来。千万别让偶尔为之的"恶作剧"成为学生的思想包袱。

辰辰的故事

兰州市七里河区火星街小学 刘 岩

提笔写下这个孩子的故事的时候，心头莫名沉重，因为在孩子看来，爸爸妈妈眼里只有电脑和平板。

昨天下午，我订正孩子们的错题，最近退步的辰辰（化名）也在"改错大军"里，而且迟迟不能上交。这时，一个瘦高的身影进入了教室——辰辰的爷爷。当时我在忙手头的工作，随口说了一句："看你们辰辰，最近这段时间退步太大了。"辰辰的爷爷走到我身边，先是向我鞠了一躬，而后说："老师，我们对不起你。"他的这一系列举动让我很意外，因为我闻到了浓浓的酒气。我连忙走下讲台，拉起了老人。辰辰在同学的帮助下，改完了错题，背上书包和爷爷走出了教室。

刚出教室门，我听到了一句："××辰，你王八蛋！"

当我追出教室时，爷俩已不见了踪影。

回到办公室，我想起了去年有一天上课时的情景。

那天的语文课，我告诉孩子们父母是世界上最关心子女的，话音刚落，辰辰就提出了反对意见，他说他的父母从来不管他，只有爷爷奶奶疼他。我竭尽全力纠正他的说法和想法，但我看到的只有孩子不屑的眼神。

回家的路上，我想了很多，醉酒的爷爷会不会打辰辰？孩子为什么这几周退步了？爸爸妈妈真的不管他？是婆媳关系造成的吗？

带着无数个为什么，我迎来了新的一天。跑操的时候，辰辰从我身边闪过，我叫住了他："昨天爷爷打你了没有？"

"没有。"

"爷爷经常喝酒吗？"

"心情不好了就喝。"

"爸爸妈妈呢？最近在家吗？"

"在。"

"平时作业都是谁检查的？"

"奶奶。爸爸只玩电脑，妈妈玩平板。"

"饭都是谁做呢？"

"奶奶做的，妈妈不做饭。我给爸爸妈妈端饭，有时奶奶也给他们端饭。"

"爸爸妈妈不上班吗？"

"不上。"

……

"最近为什么退步了，能告诉老师吗？"

"前几周妈妈还管管我，这几周不管我了。"

……

这是怎样的一个家庭？怎样的一对父母啊？

谈话结束，我告诉孩子：你只要好好学习，考个好成绩，爸爸妈妈一定会高兴的，一定会表扬你的。

看着孩子泛红的眼眶，我的心真的疼了。

像辰辰这样的孩子班上不止一个，班主任该如何对待这样的学生，值得我们深思。

一、赏识教育是妙方

这类孩子缺少父母的关爱，所以他们的内心或多或少是自卑的。他们无论是学习还是做事，都会不自信，班主任一定要给予他们足够多的鼓励，将他们的点滴进步放大，让他们看到成长的快乐和希望。

二、私下关爱是技巧

班主任要随时关注这类学生的变化，及时和他们沟通。看似不经意的聊天却可以帮助他们缓解内心的苦楚，一定要让孩子知道班主任的心里装着他、想着他、帮着他。

三、班级温暖是良方

班主任决不可忽视集体的力量，班级温暖可以治愈心灵的孤寂。当孩子置身于集体中时，他们的不悦、伤心可以得到短暂的缓解，小伙伴的帮助、协作可以赶走他们内心的"雾霾"。

既然想到了方法与对策，就付诸行动。辰辰的教育工作，我刚刚开始……

改变，从一个眼神开始

兰州市七里河区火星街小学　刘　岩

这周周末，班上两个男生参加了篮球比赛。就像女足比赛一样，结束后我都要对小将们进行询问。

一大早，我见到了参加比赛的小杰，问他比赛怎么样。孩子戴着口罩，向我描述了比赛的大致情况，听得出他的遗憾和对强大对手的钦佩。

大课间，小龙准备参加活动，我叫住了他，问他比赛的情况。你一定会奇怪，已经知道答案了，为什么还要再询问。其实就是一视同仁罢了。况且，小龙没有小杰稳重，每次运动或者是比赛前，他都会莫名其妙地弄伤自己。他来到我身旁，托起右手，懊恼地说："要不是我手受伤了，我们就赢了！"我连忙望向了他的右手：胖乎乎的手指中拇指分外粗，加上皮肤下泛着青色，一看就知道受了伤。果然不出所料，他又把自己弄伤了。我没再追问比赛的其他细节，只是告诉他最近小心手，别做剧烈活动。

对小龙的关注不是一天两天了。

本学期开学不久，我发现小龙变了。虽说学习上变化不大，但是眼神和之前大相径庭。都说"眼睛是心灵的窗户"，他的"窗户"恐怕是班上变化最大的。之前，一看到他的眼睛就能发现他的顽劣和任性。我苦恼过，到底该如何教育他。现在，当我直视他的眼睛的时候，看不到调皮和不服了，只看到了羞涩。

我记得9月30日学校参加兰州市公祭活动，要求学生穿白色或黑色的鞋。谁知，天公不作美，下雨了。路上的泥泞让小龙的白色板鞋特别显眼。我记得当时我心疼地对小龙说："你的新鞋今天怕是要脏了。"小龙害羞地回

95

答："没关系的，刘老师。"后来的日子里，我经常看到他穿着这双鞋奔跑在操场上，看样子他很喜欢，就像喜欢篮球、喜欢运动，哪怕受伤仍要上场比赛一样。那天的眼神和今天的一样清澈、明朗。

今天，看着乒乓球案前的他，我突然有种预感，可能未来的日子里我对他的记忆将会逐渐更新。你也许会问，小龙是如何改变的呢？还是那句话：让犯错的学生体面地坐在教室里，一切就皆有可能！

改变，先从一个眼神开始吧！

跟着吴老师做教育

兰州市七里河区火星街小学　刘 岩

从第一次听到吴非老师的名字到读完他的三本著作，整整七个月的时间，吴非老师让我对教育有了新认识、新理解。

吴非老师让我找到了职业自信。

吴老师指出，城区的教师不应该歧视城乡接合地区的教师，因为城乡接合地区的教师付出多，收获却少。

面对城乡接合地区的教育环境与教育对象，我初入职时的自信被现实磨平了棱角、磨灭了激情。"学生的水平决定了老师的水平"，这似乎成了城乡接合地区的教师的自我定位。别怪我们定位太低，只是因为本该丰满理想的工作成了日复一日机械地重复，本该家校携手共育却仅有不到一半的家长配合学校工作；我们没有精力去做丰富多彩的活动，只因我们仍需关注的是提高字、词、句等这些城区学校早已不再关注的教育点。这真的是不争的事实，却不应该成为阻碍我们激情的拦路虎。换言之，我们面对的教育资源更有助于我们捕捉教育的生成。

教育环境的优劣不应该成为评价教师的一个标准。我们不应该戴着有色眼镜看自己，或是看和自己有着类似经历的教育人。

当我们理顺教育的关系、理顺教育的思想、理正教育的心态时，学生的问题、家长的问题不会再使我们每日愁云惨雾。

吴非老师让我重新认识了课堂。

"热热闹闹、哭成一片、精彩不断、高潮迭起"这些优秀的词汇不可能是每节课的课堂效果，也不可能是公开课每个环节的课堂呈现，更不可能是常态课的生存状态。

吴老师在书中提到一位十分钟就能让学生哭成一片的老师，我也在想，学习本来就是件苦差，再让课堂老是哭哭啼啼的，青春年少的童年记忆该是什么颜色呢？我好害怕，情感再丰富的人也会受不了。

吴老师对公开课的观点描述令我一再想起几年前上《地震中的父与子》一课时的情景。我清晰地记得那堂课上班上的一个男孩哭了，当时的我急于走流程，放走了生成点。换作现在，我会让眼泪飞一会儿，给予学生情感释放的时间与空间，而不是着急进行"接下来"。

吴老师让我觉得学生不易。

当老师不容易，当学生就容易吗？一想到学生在板凳上坐了一个又一个40分钟，摇晃一下身子，动一下脑袋，是不是可以不那么严厉地批评呢？我们成人连半个小时开会的时间都做不到专心与专注，更何况是七八岁的小孩子呢？

吴非老师对课堂的关注与反思、对学生的关爱与严格、对教室以外的思考让我为之肃然起敬。对时下的教育话题，吴老师有自己的见解；师生的相处沟通，吴老师有自己的理解。我一边读，一边面红耳赤，原本引以为傲的做法在吴老师的眼里是错误的，原本固守坚持的理念在吴老师的心里是本末倒置的。

或许你会暗示我吴老师说的也不一定是千真万确的，但是，他的好多话都说到了我的心坎上，怎能不叫我心悦诚服呢？

孩子，你需要接受惩罚

兰州市七里河区火星街小学　刘 岩

教育应当一视同仁，不应偏颇任何一个孩子，不管他是优等生还是后进生！

早上一进校，我照例去检查区域卫生的清扫情况。

我看到了这样的场景：七八个值日生中，只有一个小个子女生在认真清扫，其余几人围在大槐树下叽叽喳喳。突然，一个大个子男生看到了我，独自跑开开始清扫，剩下五个学生仍然聚在槐树下。

我走近了几步，听清楚他们在说什么了：树上那么多的虫子，看我的"如来神扫"。说着，组长举起扫帚对准树枝打了下去，引得其余几人哈哈大笑。于是，一个调皮的男生也开始效仿。谁知，组长似乎还不过瘾，又举起了扫帚，瞬间，一根绿绿的树枝被打落下来。就在这时，一个组员看到了我，其余几人立刻开始清扫，组长站在原地不知所措地望着我。

我生气地告诉值日生赶紧打扫。

8点10分，几个孩子出现在教室门口，距离规定清扫截止时间过去了10分钟。我让小个子女生和大个子男生回到了座位，其余几人留在了讲台上。我将刚刚看到的事情告诉了全班学生。他们听后，发表了自己的意见：

"这样做不对！"

"这样做破坏了大树。"

"值周学生看到了会扣班级分数。"

我望向讲台上的几个孩子，他们面红耳赤，尤其是组长。

这时，我告诉孩子们这件事带头的是组长。孩子们沉默了，我知道，孩

99

子们是在等我的惩罚：老师怎么惩罚组长呢？因为组长学习无可挑剔。

思考片刻，我说："罚组长一周的语文课坐在最后一排，罚组长帮助其他组长清扫卫生一周。其余四名组员清扫卫生一周。"

惩罚，有轻有重，很明显，带头的组长受了重罚。

我又问其他孩子："为什么这样惩罚组长呢？"

有孩子说："他是组长，卫生没有在规定时间做好应该受罚。"

有孩子说："他带头做坏事，应该受到惩罚。"

在我看来，行为上的错误不同于学习上的迟缓，应该采取某些措施让孩子意识到这样做的严重后果，需要强调的是，这个"措施"不是体罚，而是体验式"惩罚"——体验错误行为的结果、体验错误行为的外在评价、体验错误行为的影响范围。尤其是"外在评价"，当做了错事的孩子意识到自己的行为对他人、对自己造成的严重后果后，会有所悔改。

事件发生的第二天，我联系了孩子的家长，告诉了家长事情的始末以及我的处理方法。值得高兴的是，我的做法得到了家长的认可和支持。挂断电话的那一刻，我在想：如果家长能对犯错的孩子进行适时、适当的教育，或许熊孩子大闹超市、熊孩子火烧电梯的事情就不会出现了。"家校教育"的提法很好地证明了一个事实：家长永远是孩子的第一任老师，只有家长对教育工作的支持和认可，才能让教育者放下心来教书育人。

教室里的秘密

兰州市七里河区火星街小学　刘　岩

你有没有想过，教室里讲台所在的位置有可能影响你的课堂效果，也有可能影响师生关系。

上海市闵行区昆阳小学的王正明校长在1998年2月发现"讲台就像一条人为的鸿沟，隔断了师生之间的互动，使得课堂气氛显得死板僵硬"，做出了"讲台靠边移"的决定，并于同年9月，全校取消了讲台。

讲台从黑板中央偏移到墙边，再从墙边彻底消失，就像是师生关系的一种转变——要给予学生更多的自主权，要让老师走下讲台，走到学生中间去。

从课堂构建来看，没有了讲台的阻挡，老师便能走到学生中间去，能听到学生真实的想法，呼唤真实的课堂教学。从师生关系构建来看，个别辅导的时间和机会多出了许多，学生更喜欢老师。讲台一移动，教师便成了学生学习上的帮助者和指导者。

讲台偏移，对教师最大的挑战便是要将教案牢记于心，或者是将教本拿在手中，不能像以前一样"教案桌上摆，任我左与右"。因为当教师离开讲台时，与学生的互动便会增加，课堂便多了许多生成。这些生成，教师是无法提前预知的，对于教师课堂的应变力、驾驭力都是一种考验。这样来看，讲台偏移是对教师综合素质的考验。

想不到，小小的讲台竟有这么大的奥秘。

回忆我上学时，从小学到高中，讲台一直是在教室中间，哪怕是初中最最喜欢的老冯，也是站在讲台前侃侃而谈。记忆中几乎所有的老师都是一手撑着讲台，一手握着粉笔，滔滔不绝。走到同学中间，走到我的身边，概率很小很小，小到我都不记得有哪位老师个别辅导过我。

再想想我上班走进的第一间教室，二十几张课桌，讲台在墙边。直到现在，讲台仍在墙边，看来我所在的学校早就关注到了这个问题。这样看来，我们的学生是幸运的，因为老师会随时走到身边。

不要小看教室里的任何小布置，都是有大学问的！

教室里的自嗨锅

兰州市七里河区火星街小学　刘　岩

　　"火锅吃完会口渴，每人接一杯水喝。"班里的两个男生拿着纸杯，一前一后去饮水机前接水。

　　这个情景发生在一天下午。

　　我正在整理下周活动用的书籍，班长和一个男生慌慌张张跑进办公室，告诉我小马要在教室吃火锅，说是水已经接好，开始咕嘟咕嘟冒泡了。一听就知道是时下比较流行的自嗨锅。

　　我尽量克制自己，告诉班长让小马端着他的火锅来我的办公室。我心想：他肯定是中午没吃饱，想加餐。

　　片刻后，班长回来告诉我小马不来。

　　我问上课的老师进教室了没有，他说已经到了。于是，我示意他先回教室上课。

　　一下课，我就赶往教室，担心小马"毁尸灭迹"。刚走到教室门口，我就闻到了浓郁的麻辣味，真想知道其他学生馋了没有。

　　我径直走向小马，小马一看到我立刻起身。我看到凳子上放着已经吃完的火锅盒。我问还有谁也吃了火锅。其他学生说出了另一个男生的名字。我让他俩一个端着"锅"，一个捧着"灶"到我的办公室。

　　天气很热，我也很生气。于是，我严厉地批评了他们。一会儿，第二节上课了，不想他们一身的火锅味再去打扰其他同学的学习，于是，我留他俩守"锅灶"。

　　虽然我忙着我的事，但是两个孩子的嘀嘀咕咕我听得很真切。大概意思是自嗨锅是班上另一个男生给他们的，在课堂上吃也不是他们的意思，而是另一个男生出的主意。瞧，出了这么大的乱子，他们竟认为自己没有一点责任，还有些迫不得已的感觉。

至此，我了解了自嗨锅事件的前前后后。

天气很热，我一杯接着一杯地喝水，估计两个孩子也口渴了，再加上被我一通批评，身上的那点水分早就跑完了。想到这儿，我取出两个纸杯，接了两杯温水，放在了他们的"灶"上，说："哼，火锅吃了口渴，赶紧把水喝了。"两个人你看我，我看你，谁都不端水。我又说："赶紧喝了，别中暑，中暑可就麻烦了。"说完，两个孩子端起了水杯。

几分钟后，我命令他们一人再接一杯水，而我继续忙我的。

很快，下课了，我让他们一人去倒垃圾，一人擦干净凳子，而后回到教室。

上课期间，在教室里吃火锅显然是不对的。先不说煮沸的火锅发出的诱人香味，也不说其他同学的馋虫会不会被勾出来，单说这自嗨锅的安全隐患就足以令我冒冷汗。

事情没有结束！"上课期间能不能在教室吃火锅"这个问题，我要让其他同学告诉馋嘴的小马和他的小伙伴。

教育的快乐是造就彼此崇拜的人

兰州市七里河区火星街小学　刘 岩

王开东老师在他的文章中写了这样一句话：教育的快乐就是造就彼此崇拜的人。此刻，站在我眼前的这两个女孩无疑就是令我崇拜的存在。

上周五下班回家，路上遇到了小睿的妈妈。她笑着告诉我小睿和小蓉要来看我。我高兴地回应小睿妈妈，我在学校等着孩子们。

下午，等来了两个孩子。

我们的见面着实耀眼：4点50分，学生要放学了，我准备送路队，刚走出办公室，两个女生就出现在我面前。阳光照在她们的脸上，她们的模样竟一时认不出来了。我试图抛开记忆，单纯地从模样上辨认，看来看去，还是找到了小时候的影子。小睿依旧瘦瘦的，小蓉的头发有些发黄。

一个多小时的交谈中，我发现她们现在的学业是我所向往的：两个女生都考上了研究生，小睿在南京，小蓉在武汉，由于疫情的原因，学校还没开学。

小睿的学业发展是我意料之中的，因为她一直是班上的第一名，从未改变过。小蓉的语文成绩不是很稳定，忽上忽下，据她所说，大学考得也不是很理想，能考上研究生确实很意外、很开心。孩子说得云淡风轻，但我知道这轻描淡写背后的艰辛和努力。

我还记得两人从小就是好伙伴，小蓉坐在第二排，小睿坐第三排，上学放学两人都形影不离。想不到，11年了，两个孩子的友谊从未间断。

恍惚间，我又回到了和她们在一起的日子……11年，和第一届学生分别已经整整11年的时间了。他们当中，有的已为人父母，有的已成家立业，有的还在继续深造……其实，走哪条路，没有对错。不同的路途，景致不同。而我，他们的小学班主任，仅仅是牵着他们的小手，陪他们走过了很短的一段路。我并不奢望她们或是他们记住我，因为黑娃智国在六年级的最后一篇习作中写道：或许很多年后我早已经忘记了你……只愿我们牵手的那段回忆是甜蜜的。

就像两个女生说的，她们在教室门口的小窗户里偷看我，发现我还和以前一样。

和以前一样吗？

我庆幸，一切都没变！

教育的力道

兰州市七里河区火星街小学　刘 岩

场景一：教室。

时间：周五第三节课下课。

人物：赶来帮忙的学生、逃离现场的学生。

事件：刚刚结束毛笔字课程，第二排女生的墨汁便洒了一桌子。只见她周围的男生、女生赶忙掏纸擦桌子，王同学也捏了一大团纸赶来帮忙。我发现王同学虽学习成绩不好，却乐于助人。突然，和谐的画面被一个刺耳的声音打破了："赶快逃离这个地方！"一个身影离开了我的视线。是他！成绩优秀的一个孩子。

场景二：小巷。

时间：周一中午放学。

人物：性格内向学习中等的高个女生、性格内向学习中等的低个男生。

事件：中午回家途中，我看见班上的两名学生一前一后走着。我发现高个女生今天没有和弟弟一起回家，便问她今天怎么没和弟弟一起走，谁知她头也不回地回答完问题便拐进了自家小院。我心头掠过一丝不悦。这时，一个轻轻的声音飘荡在耳边："老师再见。""再见！"说话的是走在前面的小个男生，此刻他立正站定，目送我远离小巷。

事情已经过去几天了，可是这两个场景总是交替着出现在我的脑海里。四个学生让我欢喜让我忧：喜的是后进生身上并非没有闪光点；忧的是优等生的自私与冷漠；性格内向学习中等孩子的不稳定性。

四个孩子是班级学生的缩影。班主任如何做才能让这几类学生健康成长呢？

宽+严：

优等生不仅指成绩的优，还应该包括品行的优。很多时候优等生犯错，我们往往会睁一只眼闭一只眼，或者是轻描淡写地过去。长此以往，这类学生的品行堪忧。倘若优等生出现问题，班主任能适时、适量、适当地严格对待，我想更有助于优等生品行的塑造与培养。

严+爱：

后进生由于成绩差、表现差，经常受到任课教师及班主任的批评，自信心或多或少会受到影响与打击。这类学生真的一无是处吗？显然不是。对待这类学生，班主任需要留心观察，及时捕捉其闪光点并加以放大，逐步增强的自信心会使他们改变现状！班主任切莫因学生今日成绩差断言明日差成绩。

关注=爱：

中等生在班级中占有很大的比例。这类学生表现中规中矩、成绩稳定，极容易被任课教师或是班主任忽视。殊不知，这类学生的潜力是无穷的。班主任对他们多一些关注，给予"一臂之力"，使他们跻身于优等生的行列并非不可能。一个眼神、一个动作，哪怕是一次偶遇的同行，都会给他们带来前进的力量。

教育的力道虽不同，但最终的结果会是一样的——学生健康快乐地成长。

可乐像橘子一样甜

兰州市七里河区火星街小学　刘　岩

　　看完《不吼不叫，做智慧班主任：资深老班珍藏的锦囊妙计》的第一个锦囊就让我手痒，想写写那瓶可乐的故事。

　　全国优秀教师许丹红在《真诚地谈心》一书中庆幸自己没有听信个别学生的话冤枉了小Y同学，不仅如此，这件事成了改变小Y的关键点。老师的爱是要让孩子感受到的。许老师引用了陶行知先生的一句话："让学生感受你的爱，享受你的爱。"这句话将我的记忆拉回到了三周前。

　　本学期第八篇习作是《有你，真好！》，我细细地品读着孩子们笔下珍视的那个人，莫名地被感动了……打开小M的习作，有些漫不经心，因为他的作文几乎全是抄的。照例进行批阅，读着读着，我发觉这篇习作不是抄袭的，因为他有姐姐，他的姐姐也已经出嫁，最主要的是语句没有前几篇那么流畅，虽磕磕巴巴，却真情流露。尤其是这句："长大了我要挣钱把姐姐买回来。"多么深厚的姐弟情谊！发自肺腑的话语最是动人！我写下了不同以往的评语，合上作文本，我觉得有必要让他提前看到评语。于是，我让他下午上课前来一趟办公室。

　　下午2点10分左右，门口响起了"报告"声，一听就知道是小M。他怯生生地推门而入，眼神有些闪躲，估计是担心挨批评，或许来办公室的路上还在思考自己又犯了什么错。

　　我望着他紧张的眼睛，说："别担心，老师请你看看你最后一篇作文。"我翻开作文本并递到他的手里，说："先看修改的作文，再看评语。"

　　他很认真地读着自己的习作，办公室里安静得可以听见小M的呼吸。几分钟后，孩子合上了作文本。

"说说你的感受。"我微笑着问他。

"刘老师改得很仔细。"

"这篇作文是抄的吗？"

"不是，是我自己写的。"他语气坚定地回答。

"还有什么感受？"我继续追问。

"原来我可以自己写出作文来。"

"是啊！你是可以写出作文的，就是没信心。"紧接着，我指出习作令我感动的地方，并告诉他，"相信自己，你一定可以写出完整的习作。"

小M高兴地点点头，带着赏识卡离开了办公室。

果然，这次考试作文书写的字数达到了要求。

今天，看完许老师的故事，想想三周前和小M的故事，或许这件事我让小M感受到了我对他的爱。欢庆元旦前从办公室出来的小M和桌上出现的那瓶可乐是不是就是对我爱的回馈呢？

这瓶可乐该是我和小M彼此幸福的见证，开学后必须认认真真地喝掉它，就像几年前认认真真地吃掉那《三个橘子》。

许老师在故事的最后写道：感受到老师对自己的爱，是一种幸福。我想说：感受到学生对自己的爱，也是一种幸福。

归根结底，"幸福"得用"真心"换。

刘老师，再相信我一次

兰州市七里河区火星街小学 刘 岩

今天说说小龙的故事吧！

小龙，瘦瘦高高的。别看他瘦，可是打架的事从来都少不了他。

我记得这学期有一周，除了学武术的、比较内向的、学习优秀的几个男生外，他把其他男生揍了个遍。

据调查，被揍的学生都觉得自己很冤枉，小龙自己也觉得委屈，他认为自己是在和同学们玩。

真是婆说婆有理，公说公有理。

突然有一天，小龙在办公室门口喊"报告"，我示意他进来，并生气地望着他。小龙走到我身边，说："刘老师，我错了，我再也不欺负同学了。你再相信我一次！"

一听这话，我心里的怒气全消了，不过，脸上还写着"我很生气"四个字。我对小龙说我再相信他一次。

事情过去几周了，到目前为止，没有孩子向我告小龙的状。

这一周，我还有意外的发现。

小龙学习基础较差，一年级的时候拼音学得一塌糊涂，又是东乡族，普通话本就说得少，所以每次考试"看拼音写词语"得不了几分，加上父母监管的力度不够，要求背诵的内容也得不了分，成绩总在60分上下徘徊。他的学习着实让我头疼，为此，我将小龙和语文科代表安排成同桌，希望有些改观。

对小龙而言，拼音学得不好，书写不认真，课堂回答问题更是如大海捞

111

针，尤其是分析课文的时候，小龙和班上的其他几个孩子恨不得把自己变成隐形人：刘老师永远不要发现、不要喊他们的名字。我也明白，分析课文的时候他们不主动举手，我从来不会点名。

本周，令我意外的是小龙主动回答了三个比较有难度的问题，而且全部正确！

课上，我大张旗鼓地表扬了小龙，希望鼓舞和感染与小龙存在一样问题的孩子，希望他们主动举起手来！

最近，《静悄悄的革命》一书让我对课堂发言有了新的理解。作者佐藤学认为：对清楚、明确的要求深信不疑的教师是不可能理解学生那些踌躇不定的、没有把握的发言的价值的，是不可能理解那些孕育着微妙的、不确定的模糊暧昧的思考、矛盾、冲突的复杂情感的价值的。佐藤学还指出：我们应该追求的不是"发言热闹的教室"，而是"用心地相互倾听的教室"。

以前，我们都在关注孩子为什么不举手发言了，为什么课堂变得静悄悄了。读了这本书，联想到小龙回答问题时的模样，我便突然理解了大部分孩子不那么主动的原因了：害怕出错同学笑话，不确定答案是否准确，没有把握一次答对，自尊心迫使自己不能出错……这些小心情、小算盘让低年级高举的小手慢慢放下了，让我们的课堂开始变得静悄悄的。

我曾经急于改变，但是，这周的小龙和这本书让我改变了想法：我要先学会真正的倾听，而后教会孩子们倾听，让轻松的学习环境在静悄悄中发生改变。

一个孩子，一个故事，谁说不是呢！

孩子，你还好吗

兰州市七里河区火星街小学　刘　岩

十九年前，《新闻零距离》的一期节目介绍了"柏树巷失学儿童教学点"的一对兄弟，儿时的哥哥在山间游玩时不小心触到了高压电线，导致右臂和右脚截肢。当时，记者问哥哥的名字，那个可怜的孩子用左手工工整整地写出了自己的名字：德林。我记住了这个名字和这个坚强的回族孩子。

谁知道，十一国庆假期结束，我竟然在学校门口看到了这对兄弟。更想不到的是，一节课后这对兄弟出现在了我的教室门口，他们要进我的班！

天哪，这样特殊的孩子，对于一个刚刚走上教师岗位的我来说是个挑战，因为我不知道该怎么对待他们，确切地说是如何对待哥哥德林。

开始的几天，我根本不敢多看小哥俩儿，他们也只是坐在角落里，默默地学习着。几天的观察，我发现哥哥虽然用左手写字，但是写字的速度和工整程度一点也不输其他的孩子，甚至还比班上有的学生要强很多，弟弟很细心，照顾哥哥从不马虎，作业写得却有些潦草。

一天中午放学，班长匆匆忙忙跑来告诉我，德林的假肢掉了，几个女生吓哭了。我顿时大脑一片空白，因为我也害怕假肢。待我返回教室，发现只剩下两兄弟了，弟弟正在为哥哥装假肢。由于我怕，于是丢下一句"动作快点"便离开了。

不一会儿，弟弟搀扶着哥哥从教室里出来，看着他们俩瘦弱的背影我脸如火烧。此刻，他们是多么需要我的安慰和帮助啊，可是我却选择了逃避。

此后，小哥俩儿更加沉默，上课不抬头、不发言，我知道是我的冷漠让他们的心门关得更紧了。我决定改变这种状况，我要这两个孩子快乐地成长！首先我要自己克服对假肢的恐惧心理，主动和哥哥聊天。我利用主题班会进行全班的"互助"教育。那段时间，班上的孩子也不再害怕哥哥德林了，他竟成了学生作业本上的"小明星"：我要向德林一样，快点完成作业；我要帮助德林，因为我们是朋友。

就这样，我和这对回族小哥俩儿的关系慢慢亲近了，那天的两包方便面成了我们师生情谊的见证！

一天，我很早来到学校，发现他们也坐在教室里。在我看来，时间还很早，于是我问他们吃早饭了吗？哥哥低着头不说话，弟弟看着我摇摇头。我连忙去小卖部买了两包方便面递到了弟弟的手上，哥哥说："老师，我们封斋了。""对不起，老师不知道，那你们留着能吃的时候再吃吧！"封斋，这个习俗我是知道的：回族在一年中有一个月的时间是在太阳出来之前吃早饭，太阳落山之后吃晚饭，其余时间不吃也不喝，依据《古兰经》，男孩14岁、女孩12岁就要封斋。那一刻，望着小哥俩儿，望着他们稚嫩的脸庞，我更加爱怜他们了。也就在那一刻，我看到了一些东西。

后来，我发现兄弟俩变了，弟弟上课开始举手发言，哥哥时常流露出笑容。我还记得哥哥在一则日记中这样写道：那天老师买了我最爱吃的方便面，老师怎么知道我爱吃这种方便面呢？我太高兴了，原来老师喜欢我，没有因为我这个样子而讨厌我，那天的方便面是我吃过最好吃的方便面。

读到这儿，我流泪了，没想到一个无意中的举动，我改变了两个孩子，最重要的是我改变了自己。

从那天起，我不再惧怕德林的假肢。下课的时候，我和他一起站在教室门口晒天阳；体育课的时候，我陪着他坐在操场边，看弟弟和同学们打篮球、踢足球。我相信，虽然他不能奔跑，但是他的心早已飞遍了操场的各个角落。偶尔，他还会冒出一两句回族话，看到我茫然的表情，他调皮地吐吐舌头，便用普通话再说一遍。

一年后，哥哥辍学了。

那时，他家就住在学校门口，下午放学的时候，他总是坐在门口的大石头上和我说"再见"，我倒也不觉得他离开了我。而且，每年的教师节，我都会收到他画的画：米老鼠、唐老鸭、白雪公主……我知道他是想上学的，可是，太多不方便的因素，只能让他选择离开校园。

后来，他们搬家了。真的就离我越来越远了，直到消失不见。

小巷里他家门口的那块大石头还在，每天下班，我仿佛总能看到他的笑，听到他和我说再见。

多年后的今天，写下这个孩子的故事，想对不知身在何方的小哥俩儿道一句：孩子，你若安好，便是晴天！

请镜子还影子一片洁净的天空

兰州市七里河区火星街小学　刘　岩

当你玩着王者荣耀的时候，你有什么资格去要求孩子认真学习？

当你对孩子作业不闻不问的时候，你有什么资格对孩子挥巴掌？

当你粗口连连的时候，你又有什么资格要求孩子去讲礼仪？

请记住：父母是孩子的第一任老师。

一日坐公交，我遭遇了"被让座"。

事情是这样的：我从终点站上了车，车上暖气开放，不一会儿就让我有了昏昏欲睡的感觉。不知睡了多久，突然感觉有人猛拍我的肩膀，并且听到有人说："你能不能给抱小孩的让个座？"

顺着手指的方向，我看到了一个妇人正艰难地抱着小孩晃来晃去。我连忙起身让了座位。妇人抱着小孩坐在了座位上，随后一个背着书包的小女孩也挤坐在了座位上。小女孩坐定后，时不时地看我，眼睛里写着几个字：你坐了我们的座位。

今天的这个故事让我想到了前几天在网上看到的一句话：父母是孩子的镜子，孩子是父母的影子。在我看来，这面"镜子"没有照亮心灵！

前几天，公众号的一篇文章转发量达到了30多人，友人告诉我，我道出了为师者的心声——家庭是孩子成长和教育的主阵营，家长要成为孩子的榜样并负起教育孩子的责任。

看看班上学习成绩优秀的孩子，智力真的是超凡吗？错！

看看班上学习成绩不好的孩子，智力真的不如他人吗？又错！

随着医学的进步，优生优育早已让孩子的智力差距不大。归根结底，不给力的家庭教育，不恰当的教育方法，造成了学生之间的差距。没有好的家庭教育做支撑，任凭学校的"法力"再高，也会收效甚微！

对班主任而言，某个学生仅仅是很多孩子中的一个，但是对家庭而言，孩子就是全世界。如果家长能意识到这一点，与学校紧密配合，便能够让科任教师与班主任面对教育工作时更具有信心和毅力。可是现在，令人担忧的是，有些"镜面"脏了却不自知，我们想帮忙擦拭，却被认为是多此一举，甚至还弄伤了"手"。

影子，终有一天也会变成镜子。我们也曾经是影子，如今正成为一面镜子。希望和我们一样的镜子们能自净面容，还影子们一片洁净的天空！

随心所欲的小木偶

兰州市七里河区火星街小学　刘岩

剪断头顶、四肢的绳索，自己做自己的主人，真好！

三个随心所欲的小木偶，一路狂奔，远离了酗酒的主人，远离了被别人牵着身子走的地方，远离了自己做不了自己主人的地方。

这一路上，他们被别人帮助过。

那个老鲑鱼，那个把听故事当报酬的老鲑鱼，那个出卖了三个小木偶的老鲑鱼，那个无意中救助了小木偶的老鲑鱼，他热爱生活中的每一次相遇：上一秒还在懊恼为什么透露了小木偶的行踪，想做一条不说话的鱼，下一秒便又开始讲述同样的故事，是因为鱼儿的记忆只有七秒吗？我不知道。但老鲑鱼的的确确就是故事中一条非常重要的鱼。

这一路上，他们帮助过别人。

那只被关在笼子里的乌鸫鸟，那只差点被穿彩虹服的小木偶烤着吃了的乌鸫鸟，那只险些被少女木偶放进平底锅的乌鸫鸟，那只重获自由不久后听说三个小木偶被抓回大剧团、义无反顾地飞向小木偶被困的地方的乌鸫鸟。他只是一只普通的鸟儿，却又是一只不平凡的鸟儿，没有他，木偶们便无法再次逃脱。可是，若没有小木偶，他又何尝不是笼中之鸟，没自由。到底谁救了谁呢？

这一路上，他们曾成为别人的奴仆。

磨坊主让小木偶们干这干那，挑三拣四，他的挑剔一度让小木偶们想重回大剧团。磨坊主就是生活中给我们制造麻烦的人，自以为比小木偶强大，便可以指手画脚，但是被压迫得久了，再软弱的人也一定会有方法远离压迫。外力也好，内力也好，有了力量就一定有办法，有了办法就一定可以摆脱眼下的困境。

由于主人费尔南多的追赶，三个小木偶被迫逃去了三个方向，这三个方向像人生的三种境遇：上了火车进了拉煤车厢的穿彩虹服的小木偶变得灰头土脸，倒霉时流出的眼泪都像混进了煤渣磨眼睛；少女木偶跳进了一个恶女人的地窖里，恶女人不停地指使少女木偶，"快慢"似乎永远都不符合她的心意，少女木偶整日以泪洗面；戴面具的小木偶相对幸运些，他做生意，做一单火一单，却被一头炮蹶子的驴踢得一无所有。

最后，三个小伙伴全被费尔南多装进了口袋，带回了大剧院。

人生不管遭遇过什么，最终会雨过天晴，只是时间的早与晚，意志的强与弱。这一秒你做的善或者恶，也许下一秒便会应验到自己身上。

最终，三个小木偶如愿以偿地重获自由，这份自由来之不易，虽未经历九九八十一难，却也是险象环生。

贾尼·罗大里，伟大的童话作家，另一个版本的木偶奇遇记"洋葱头"的创造者，这位童话里的高山大河告诉儿童以及成人：自由的地方应该是充满幸福和诚实的，自己要做自己的主人，永远不要被别人牵着走！

教育案例

他们的心更需要呵护

兰州市七里河区火星街小学　刘　岩

　　不知为何，每当她回答问题时，我总能听出她声音的颤抖。这天早上也不例外，一个成语让她读得小心翼翼，我分明看到许多同学的目光追随着她的声音，似乎准备好了随时……

　　我还清楚地记得前段时间她把一个很简单的词语读错了，被同学们嘲笑。她在班里担任科代表一职，一年级入校没多久，我便发现了她做事认真、负责任、关心集体、学习踏实，是各科老师都非常喜欢的一个得力助手。今年六一的舞蹈表演，基本上她是总策划。她，真的挺能干！可是，她极少发言这一点却令我比较头痛，而且我发现她的发言是有侧重的，她会在确保百分百回答正确的时候才举手。

　　收回了思绪，大课间时我叫住了她。我先用班级杂务打开了她的话匣子，然后问她："刚才那个成语怎么读得那么不自信？"

　　孩子脸红了。

　　"是怕出错吗？"

　　"嗯。"瞬间，她红了眼圈。孩子连忙侧了侧身子，因为同学们已经跑到了我俩身边。

　　"怕出错同学们笑话是吗？"

　　"上次他们笑话我了。"孩子口中的"上次"我有印象，当时同学们的发笑却没引起我太多的注意。

　　"那是不是因为上次变得不自信了呢？"

　　眼泪已滑落她的脸颊，她的身子整个背过了操场，多么敏感的一个孩子！

"你不应该不自信！你是大队干部又是科代表，这些头衔可能让你在发言时变得小心谨慎，但是你要相信自己，放大胆子。你可以在全校师生面前主持活动，班上一次小小的回答问题又算得了什么呢？！"

她擦净了眼泪，露出了甜甜的笑，用力点点头，我示意她去参加大课间活动。

望着孩子远去的背影，我在想：

一直以来，班主任的精力与注意力大都集中在后进生身上，抓他们习惯的养成、抓他们的学习，而班上的优等生和班干部，因为表现优异，无须操太多心，正是这种"无须"可能使我们忽视了这类学生的变化。优等生和班干部的内心其实更脆弱，他们更经不起失败的打击。孩子的眼泪告诉我：他们的挫败感和失败感更加需要班主任的关心与帮助。

不要因为"无须太多操心"让优秀的孩子走入心灵的误区。发现—帮助—安抚—鼓励，而后和他们牵手并行是很有成就感的一件事。

我们做事情不是做给别人看的

兰州市七里河区火星街小学 刘 岩

升旗仪式，我们班的小张同学得到了王校长的点名表扬！

事情是这样的：

前段时间，学校为了培养学生保护校园环境、自觉环保的意识，要求各班召开以环保为主题的活动。

几周后，校园的环境的确有了极大的改观，各班也涌现出了许许多多环保小卫士。

想不到，我们班的女生小张竟成了被公开表扬的第一人。

当小张的名字从话筒中传出，当小张略显羞涩地站在主席台前，当热烈的掌声响彻校园上空的时候，孩子们的脸上洋溢着羡慕的微笑，我的心里也美滋滋的。

好容易挨到第二节课才进教室，我并没有像往常一样急于开课，而是想进一步了解这件事。于是，我询问了小张。谁知，小张自己也不记得捡垃圾被副校长发现了。

这话一出，班上立刻炸开了锅：有质疑的，有不服气的，有好奇的……

正在大家诧异之时，男生国豪说："小张以前捡垃圾的时候肯定被校长看到了，而且每次区域有垃圾她都会主动捡起来。"这句话打消了同学们的好奇。孩子们的质疑声慢慢地平息了下来。

我笑着问孩子们："同学们，我们是不是为了让别人表扬才去捡垃圾的呢？"

孩子们异口同声地说："不是！"

"是不是为了让老师高兴才去打扫卫生呢？"

"不是！"

"是不是为了让爸爸妈妈高兴才努力学习呢？"

"不是！"

"那我们做这些事是为了什么啊？"

孩子们一时沉默了。

我说："同学们，很多事情，不是为了被人看到，得到他人的赞扬才去做的。"

小张笑着坐在了座位上。我知道此刻她什么时候捡过垃圾已经不重要了，重要的是她和同学们知道做好事不是做给别人看的。

是啊，很多事情难道都是为了让别人看到我们才去做的吗？

有的时候，有的事情，绝对不是！

难道你遵守交通规则是为了让警察叔叔看到？

难道你认真读书是为了让其他人看到你在读书？

难道……

生活中这样的事太多了，我们做事无须过多关注他人的目光。因为，和你想法一样的人，无须多言，便会和你共同努力；和你想法不一样的人，也无须多言，你今天的努力会让明天的他（她）自愧不如。

记住：我们做的每一件事都不是为了让别人看到，而是自己真心喜欢、热衷并愿意为之付出时间和精力。

学生虐我千百遍，我待学生如初恋

兰州市七里河区火星街小学　刘 岩

第四节写字课，孩子们专心致志地完成书法作业和生字练习。

十几分钟后陆续有人上交作业，我开始当堂批阅。

老师忙碌的时候，也是学生偷懒的时候。每当我批完一本作业时，抬头总能看见几个不安分的小脑袋东转西转，看到我后连忙低下头。看着这些耍小聪明的脑袋，联想到学生最近的表现，不觉愁上眉梢。

又过了十几分钟，我想有必要和学生们谈一谈了。我放下笔，也让学生放下笔，坐直了身子。

"同学们，你们说刘老师最喜欢班上的谁呢？"

呼啦啦十几只小手如雨后春笋。

小璇、小凯、丽莎、保月、凯旋，这些孩子的名字被举手的孩子点到了。我的确喜欢他们，而且是发自内心地喜欢。

"为什么喜欢他们呢？"

"他们上课认真听讲。"

"他们字写得漂亮。"

"他们积极发言，听老师的话。"

果然，在孩子眼中老师喜欢的终归是表现好的。

"同学们，有些同学难道进教室的第一天老师就不喜欢他们吗？"

"不是。"

"那是什么原因让老师开始不喜欢和他笑着说话了呢？"

"是他们自己的原因。"

一语中的。

谈话最后，我告诉孩子们：要想让老师喜欢你，你要先喜欢你自己，要做令你自己、令同学、令老师为你骄傲的事，你想要得到别人的尊重就要先自己尊重自己。

孩子如同一张画布，家长和孩子自己都是作画的人。从刚入学时的相差无几到几年后的差距悬殊，绘画人很关键。你若画的是五彩斑斓，画布必会阳光灿烂；你若涂的是浑浊乌黑，画布必是污浊不堪。这中间的缘由显而易见，不必多说。

前天小周同学的爸爸说了一番话，让我颇感欣慰。他说，孩子是小树，总有长歪的枝，做家长的要帮孩子正一正。若家长不管不理，这歪的枝迟早是祸害。

是啊，说得太有道理了！

若是家长们都像这位父亲一样，明白了这一点，也许城郊接合地区的班主任工作就会好做一些，教学质量会更高一些，"初恋"的滋味会更浓一些。

原来沉默也是在参与课堂

兰州市七里河区火星街小学　刘　岩

相比低年段热热闹闹的课堂，中高年段的课堂就相对安静了。参与课堂回答的学生数远比不上一、二年级学生的数量，尤其到了六年级，大多数学生一天当中很少甚至没有口头参与课堂。课堂中的沉默让我很焦虑，因为不确定沉默的学生到底有没有参与学习，或者说不确定沉默学生的心脑是否在教室里。

从今天开始，我想我要改变自己的想法了！因为凯瑟琳·舒尔茨的《课堂参与：沉默与喧哗》帮我找到了答案：一个学生的沉默让另一个学生的发言成了可能。

书中反复强调，发言和沉默总是相伴而生的。的确如此，学生的"学"和教师的"教"需要用言语来构建。教师用适合自己、适合学生的语言和教学活动传授本学科知识，学生通过聆听、互动参与本学科的学习，"教"与"学"很重要的一个途径是言语间的互动。"言语互动"是除了试卷以外比较能反映学习在场的有力表现。我们应该清醒地认识到：有人发言，有人就必定要沉默，只因课堂参与不允许无规无矩。所以，先举起来的手，势必占据了口头表达的机会。

每当学生回答支支吾吾或是答非所问的时候，我们就断言学生没有专心听讲，没有参与到学习当中。有时，我们不得不采取"点名"的方法迫使一些学生在课堂上开口参与学习。被叫起来的学生回答正确，自是皆大欢喜；反之，免不了批评一两句。过后呢？是不是被迫回答的学生就能主动参与口头学习了呢？答案绝非"是的"。我也为此苦恼过，成绩中上的一些学生并不积极参与口头学习，私下谈心，收效甚微。更有甚者，课堂上为了等待某个学生主动开口急得发牢骚，学生却依旧不为所动。反问自己：没有口头参与，学习就不发生了吗？书中说："沉默不是空无，而是创造性和思想的栖息地。"适当的沉默能为思维的发展提供时间与空间上的可能。

书中提到，无论是在学前还是在大学，无论是在城市、郊区还是在乡村，无论是在美国还是在印度尼西亚的亚齐省，几乎每一间教室里都有沉默的学生。"沉默的课堂是一种普遍现象，既然不能拒绝它的到来，那就努力让它变得不那么面目可憎——研究学生、研究课堂、研究学科。

书中提到，作为教师，我们应努力认识、包容和理解学生参与课堂的各种方式。教师要小心别让学生悄悄逃离课堂，也就是用沉默来选择不投入课堂活动。思来想去，"沉默"背后隐藏着很多看不见的因素，这些因素中，有些我们无法知晓，即使知晓当下也无法解决。唯一可以控制的因素是我们自己。如何控制？精心设计教学活动，让自己全情投入40分钟之内，走下讲台、离开讲桌……珍爱课堂，才懂得沉默的真正意义。

教师应该把沉默重新构建为一种贡献，不是消除沉默，或者在课堂上否定那些沉默的学生。别忘了我们的古话："此时无声胜有声。"当然，"无声"的前提是你认真对待了"有声"的课堂教学。

教育案例

值得的事就要不遗余力

兰州市七里河区火星街小学　刘 岩

今天做语文配套练习，最后一题的阅读短文讲了比尔·盖茨孩童时代就不遗余力地完成学校图书管理员的工作。短文最后一道题问学生获得了什么启迪。

片刻思考后，女生小梅举起了手，她自信地说："如果这件事值得去做，我们一定要不遗余力。"

说得多好。

首先，她觉得要先分清这件事值不值得去做，值得做的事才要不遗余力。很多时候，我们为一些不那么重要的事情浪费了许多时间，反而那些该付出时间与精力的事情却没有充足的时间了。女生小梅很有思想。

其次，她发现了小时候的比尔·盖茨非常乐意做一名图书管理员，因为新学校不让学生管理图书便又转回了以前的学校，甚至还打算即使走路也要"工作"。这种执着的精神是多么可贵。正是因为执着，他才成了微软总裁，成了美国首富。我告诉学生，很多时候我们看到的只是成功后的光彩，却没有看到成功背后的艰辛与付出。

我让孩子们给予小梅掌声，转而，我问小梅："你认为学习值得吗？"小梅点点头。我继续追问："你不遗余力了吗？"小梅低下了头。她是个聪明的女生，我知道。可是缺少很多变优秀的因素：持久的恒心、良好的习惯、认真的态度。也因为她的根基不稳，所以仅有的聪明也只能让她与70分手牵手。

下课铃响，我离开教室，一边走一边问自己：什么是值得去做的事？什么事值得我去追寻？

突然，我想起配套练习中的另一篇短文，中心意思是：最大的善良是不拆穿别人。是啊，很多时候很多事不是我们愚蠢看不懂，而是我们选择了与人为善，因为人性本善！

我想，良善应当是值得追寻的。

看到一篇文章，令我印象深刻。文章指出，生活的安逸是摧毁一个人最好的方法。"你读过的书、见过的人、走过的路，最终都会回馈到你的身上。"这句话和王开东老师说的一句话有异曲同工之妙——你读过的文字终有一天会爬起来带着你一起跑。

可见，努力也是值得追寻的。无论努力干什么，你觉得值得就应该不遗余力。

你努力了，你良善了，或许你会觉得压力大。因为你在认真地生活，认真地工作。一旦认真了，便会倾注精力；一旦倾注了精力，势必会投入情感；一旦有了不如意，便会懊恼、想放弃。烦躁是所有压力的根源。其实，谁都不易。即便生活不让我们快乐，我们自己也要学会去寻找快乐。

快乐更是值得追寻的一件事。

我们不妨也每日三问：今天我有没有为难别人？今天我努力做了什么？今天我快乐吗？多追问自己，让自己成长起来，比什么都实际！

值得做的事，就要不遗余力！

疫情时期的特别作业

兰州市七里河区火星街小学　刘 岩

"各位家长，请将今天的作业提交到班级小管家。"

疫情，让这个假期变得好长好长，全国人民都在等待，等待疫情的结束，我也不例外。

一接到学校"停课不停学"的通知，我就开始在心里盘算着该如何和我的孩子们开启网络学习的模式。

线上授课，线上批阅作业，对于城郊接合地区的学校来说，全员参与存在一定的困难。班上部分孩子的家庭条件并不富裕，加之复工后，有的家长上班会带走手机，这些家庭的孩子就无法正常上网课；有的家长不识字，不会操作手机，这些家庭的孩子的网课就会被耽误。面对这样特殊的家庭，开始网课之前，对于群里不活跃的家长，我一一打电话通知；群里复工的家长，我只要求孩子完成作业即可。

没听网课，作业怎么完成？

正是因为担心班级中个别孩子无法正常上网课，所以学校没有要求我们开始新课的学习，这也就除去了我们"不上网课不会做作业"的担忧。

网课的问题解决了，那作业该怎么批阅呢？

幸好，手机里有个App叫微信，微信里面有着各种各样的小程序。除了娱乐时间的游戏小程序，还有能帮助老师和家长合力完成作业检查与批阅的小程序——班级小管家。

通过小程序"班级小管家"里面的"班级广播"，发布当天的作业内容，设置反馈方式、提醒时间、积分设置和可见设置。家长通过手机提示，及时上传孩子的作业，数据显示清晰：提交多少人，未提交多少人，提交率不用计算，后台数据自然生成。

点开一个个小圆圈，看到的是孩子们上传的作业。点开右上方橙色的笔，就可以进行批阅了。等级设置，任由老师选择，而我选择的是A+ABCD五个等级。如果作业没写完或者是写得不认真，可以打回重写。

一个多月下来，全班54个人，每天的提交量在65%以上，也就是说，有10～15个人没有提交作业，这些孩子恰恰就是群里不活跃的、家长不识字的、手机不在孩子身边的。每隔三天，我都会打电话给这些孩子，询问最近的学习情况，并督促他们及时上交作业，对于实在无法提交作业的，就建议孩子多看《新闻联播》，看看自己现有的课外书。当然，电话督促对于个别孩子而言，效果也不理想，毕竟家庭教育在这些孩子的家庭中是缺失的。没关系，疫情期间，健康安全最重要，至于学习，等他们来学校的时候，有我和小伙伴的帮助，一定可以迎头赶上。

4月20日，四、五、六三个年级先开学。身为班主任的我，每天早上7点50分就站在教室门口等待孩子们，量体温、登记体温已经成了此刻我们最重要的任务。

开学第一天，我告诉孩子们以后我们的家庭作业继续沿用网课期间的方式。我看到有些孩子面露不悦之色，刚好是那些网课期间不能提交作业的孩子。于是，我补充道："有些同学的作业不用网上提交。"我依次点了名。

细想，这些孩子都是班上的后进生，后进生的作业还是面批比较好。不为难孩子、不为难家长，更有助于监管孩子的学习。

疫情，阻断了我们手牵手，却无法隔开我们紧紧连着的心。线上线下，教学相长。利用智能软件，我们不仅开启了学生全新的学习过程，而且利用空间数据评价了我的教学效果。

办法总比困难多。何况我们身处21世纪的今天，有强大的祖国做我们坚实的后盾，我们无须害怕。只要健康平安，没有过不去的坎，没有哪个春天不来到。

自信不能让门牙打败

兰州市七里河区火星街小学 刘 岩

周四，工作室和临洮太石学区的教研活动临近结束，我刚走到教学楼门口，小袁同学就出现在我面前："刘老师，你干吗去？"

"老师要到前面去照相，你赶快回家。"我一边下楼，一边回望小袁，今天一天我没有进教室，在那一刻心里竟涌出一些想念。

每每外出学习或是培训，临走的前一天我都会对学生千叮咛万嘱咐，虽说身在外，心却仍在班。我知道，每当这个时候，两位班长就显得尤为重要，一男一女正副班长成了班级大事小情的管理者。

最近，一直令我担忧的是男班长小涛，由于一个小小的原因，原来活泼爱笑、开朗自信的他总是面无表情，课堂上发言的次数也屈指可数。

借着昨天我没进教室上课的机会，我问孩子们："两位班长昨天管理得如何？"

学生异口同声地说好。

"刘老师不在班的时候，我们的正副班长很重要呢！同学们，到底什么样的同学才能胜任班长呢？"

小话匣一下子打开了，有说学习优秀的，有说助人为乐的，有说关心同学的，有说管得住同学的，还有的说活泼开朗、自信十足的。听着学生的回答，我心想当班长不易，近乎十全十美了。

不一会儿，汇报完了，没有学生举手了。我望了一眼小涛，说："你们觉得咱们的小涛缺了点儿什么？"

有的孩子望向了小涛。

几秒钟后一个男生举手，我叫他回答，和我担忧的一样——小涛缺的是活泼开朗。

"大家知道他为什么不爱笑了吗？"有人举手，我并未叫他回答。小涛之所以变得沉默少语，和他两年都没有长出来的那颗大门牙有关，记得他在一次习作中写到担心同学们因为门而牙笑话他，所以他不敢大笑、不敢当众说话。

身体上的小瑕疵竟成了性格上的绊脚石。

我告诉学生，不应该取笑同学，即使他的身体和我们的不一样。我鼓励、安慰小涛不可因为一点小问题影响自己的学习与生活，也许当"自信和开朗"来到他身边的时候，门牙也会随之而来。我看到小涛的眼眶有些泛红，而后的课堂学习他的发言次数让我欣喜。

昨天的语文课，孩子们快乐，我也快乐。

我猜，那一刻，班长小涛是快乐的，同学的关爱、老师的鼓励就是他快乐的源泉；那一刻，班上的学生是有所得的，不歧视同学、和睦相处，就是班级团结的密码；那一刻，我才是我，一名幸福的班主任！

民族之花在班级绽放

兰州市第十二中学　强　珍

教育是一门艺术，一种智慧。懂教育者，能唤醒学生，使之成为一个适应复杂环境的人，成为一个心灵健康的人。

执教于省城，学校趋于市中心，可我却教育着一群不属于城市的学生。特殊的还有他们的民族——东乡族。这是一群跟着父母来自少数民族地区的孩子，由于家长大都没有文化，做的都是底层的工作，因此他们选择聚居于同一片区域。随着迁移的人口越来越多，本地居民越来越少，于是我所在的学校在多年前就以东乡族的学生为主了。

都说少数民族是基础教育中被忽视的弱势群体，他们基本来自偏远地区。都说少数民族学生不好教，家长也不重视教育。作为一名教龄五年、做班主任五年的教师，我深深明白，班主任是班级学生的引航人，是学生灵魂的塑造者，也是他们成长路上的一盏明灯。五年来，三尺讲台上无数次上演着教育的点点滴滴，这些点滴沁入我心灵的深处，永久闪耀。

在我第一届的学生中，有一名叫圆圆的女孩子，她性格开朗，爱打扮，爱美，成绩不是太好，倒也还算用功。做了她三年的班主任，我与圆圆碰撞出了很多火花，包括她的家庭。圆圆不同于其他学生之处是她不是学习成绩差，也不是纪律不好，而是她初中三年在学校多次受伤。

初一的时候，冬季天气寒冷干燥，学生做完操排队上楼梯，我刚跟完操回到办公室，班里小琦带着哭腔跑来办公室找我，说他可能不小心伤到了圆圆。我赶紧跑去教室，了解原委。由于楼梯人多拥挤，圆圆碰到了旁边的小琦。小琦下意识地甩了一下胳膊，就这么凑巧，手甩到了圆圆的小手指上。

回到教室后，圆圆的手指开始又红又肿，疼得哭了起来。我一看，赶紧联系她的家长，心想这下坏了，要是骨折就麻烦了。果然，经过医院拍片检查，圆圆的手指骨折，得回家修养一个月。自此，我开始了长期与圆圆家长拉锯式的"较量"。先是圆圆爸爸多次来学校让学校赔偿医药费，然后多次找小琦爸爸赔偿医药费、精神损失费，又说还得带圆圆去外地找老中医看病，还需要路费、生活费。听着圆圆爸爸每次要钱的理由，我不禁疑惑，圆圆不是已经在省中医院看病了吗？为什么还要去小地方找老中医？这时候有经验的老教师告诉我，像圆圆这样的家庭肯定是家长想借这件事多要一些钱。我听完觉得简直不可思议，但也半信半疑。由于小琦爸爸每次都能满足圆圆家长的要求，这件事后来也算顺利解决了。

第二次与圆圆爸爸正面交锋依然是圆圆受伤以后。那天我有一堂公开课，有几十位外校老师听课，对我对学校来说都不能掉链子。在录播教室刚上完课，中间课间休息，因为要等听课的老师们评课，我就先让学生回本班教室去了。突然，班长跑了回来，慌忙地告诉我，圆圆下楼的时候被人碰到，摔倒了，脚好像扭了，哭得很厉害。我听完全身冒冷汗，怎么能在今天出这种意外啊？我赶紧跑去医务室，校医告诉我圆圆的脚看起来没怎么肿，但还是得去医院拍片检查。我打120叫了救护车，也打电话通知了两个孩子的家长，大家都焦急地等待着。十多分钟后，圆圆爸爸先来了，不可思议的是，他一进学校大门没有着急看受伤的孩子，而是自顾自地开始在校园里破口大骂，大概意思就是孩子受伤，不给医院打电话给他打电话干吗？既然叫了救护车，叫他是来掏钱的吗？大家都被圆圆爸爸的话吓到了，不敢上前劝说，包括我，毕竟又一次因为我看管不利，只有领导在旁边劝着。几分钟后，救护车终于到了，我跟办公室的同事，以及随后来的另一位学生家长一起陪圆圆上了救护车，而这时圆圆爸爸竟然扭头回家了……救护车上的圆圆一直默默流眼泪，我们能做的也只有安慰她。好在医院的检查结果一切正常，开了一些外敷的药膏。送圆圆回家的路上，我们打了车，然而有一大截路还是需要步行，好在有另一位家长背着，我心想这次也没什么大问题，圆圆爸爸应该不会太为难我们吧。可是，事不遂人愿。我们刚走进圆圆家院子，就看到圆圆爸爸搬着一张凳子放在路中间，他示意孩子坐下。接着，他招呼所有院子里休闲的邻居围过来，重头戏开始了，他把在学校里的话对着我重新骂了一遍，只是这次对象不是学校，换成了我这个班主任。我气急了，回复他：你从头到尾除了骂骂咧咧怕花钱，根本没管孩子，我能做的都做了，你再不满意就去投诉吧！回学校的路上，我满腹委屈，也深切地意识到班主任工作绝不只是简单地做好学生工作，还有家长的工作。如果家庭教育跟不上，无论老师怎么努力，家长总会有不满意的地方。久而久之，难免产生积怨和矛盾。

后来，班里两个和圆圆关系好的女生来找我，告诉我圆圆在救护车上一直哭不全是因为脚疼，而是伤心她爸爸对她的态度。圆圆家里条件不太好，就怕圆圆跟妹妹花钱，都是紧着哥哥的。我听完，也只能感叹，这样的社会，竟然还有这么重男轻女的家庭。可是，想到圆圆父母是来自偏远的少数民族山区，那里的人家都是五六个孩子，圆圆父母可能一天学校都没有进过，他们有这样的思想也就能理解了。自此之后，我会在课堂上多提问她，课后常和她聊天，遇到艺术节等她感兴趣的活动让她排节目，还给她安排她能胜任科目的科代表。我想通过这样的方式，与她进行必要的心理交流，让她感到老师无私的爱和深切的关怀，感到班主任是可信任的人，是有话可倾诉的人。

经过这两次事件，圆圆与我之间好像有了一种微妙的情感，她有时候会跟我说一些心里话，有时候会聊聊她的家庭，有时候还在来学校的路上给我带一杯奶茶。升入初三之后，我明显地感觉到她学习也更用功了，经常拿着习题跟我讨论。这样的圆圆我很喜欢。

初三毕业那天，圆圆哭成了泪人，一遍遍表达着对我、对班级的不舍，眼前懂事的圆圆已经让我联想不到她的家庭。送他们离开校门的时候，我看到了每一个孩子眼中的留恋，我也忍不住泪流满面。

后来，圆圆告诉我，她还是没能考上高中，她想复读一年，可爸爸送她去了一所老家县城里的职业中专，这所学校不要学费，还能给学生生活费。不过，她是不会放弃考大学的，即便是这样的学校，她也一定会好好学习。是啊，三年的时间，圆圆成长了，可她的家庭是不是也成长了呢？

我的学校，像圆圆这样的家庭很多，单亲家庭的孩子更多，每一个家庭都对孩子有着不同的影响，他们对学习兴趣不高，家长对孩子的要求也很低，但正是因为在这样的环境里，老师的教育才显得更有意义。很多老教师都说，我们学校的教育，育人第一，教书第二。学校是一片净土，这些孩子一定会在这里变得豁达明理，胸怀理想，追求卓越。

我深信有一天，经过家庭、学校、社会的不懈努力，我们不仅能唤醒学生，也能唤醒他们的家庭。

小学班主任管班案例分析

——班级管理中的"宽"与"严"

兰州市七里河区敦煌路小学 李 璇

"矩不正，不可为方；规不正，不可为圆。"班级亦然。可是定规矩容易，守规矩难。面对初入小学的天真孩童，到底该怎么拿捏班级管理中的"宽"与"严"呢？这个问题对我这个新手老师来说，实在是个无解之题。

学生时期，总是能听到班主任说："一颗老鼠屎坏了一锅汤。"当时总觉得班主任夸大其词，如今，我却能领会一二了。我班有个男孩子叫然然，上课没有一分钟能坐住，要么搞小动作，要么下课桌影响别人，提不起一点儿学习的兴趣；下课追逐打闹，经常和同学打架；作业经常不完成，书写还很潦草……标准的学困生。所以，在这位"大人物"的影响下，班级纪律令我头疼不已，更别提学习成绩了。于是，我多次找他谈话，希望他遵守纪律，按时完成作业，争取做一名好学生。可是他对我总是一副爱搭不理的样子，不点头也不摇头。我有点生气，嗓门不由自主地大了起来，他见我发火了，就勉强点了点头表示回应，仅此而已。

另外，这个孩子专注力差，情绪管理能力也差，出于作为母亲的敏感，我觉得他可能患有多动症，但是作为老师，我毫无根据地和他的家长沟通也是不恰当的。直到有一天家长会后，孩子母亲找到了我，不仅和我沟通了孩子的学习情况，还提到了孩子专注力差的情况，和我的预想全部对应。而且孩子家里还有一个小弟弟，目前生活的重心全部落在小弟弟身上，完全顾不上老大。随后的日子，母亲向我反映了孩子的心理状况，他已经确诊患有多动症。了解到这些信息以后，我反而没有那么生气了，更多的是理解这个孩子。我决心帮助他，让他找回自己，重拾信心，不再自暴自弃，不求上进。可是面对这种情况的孩子，我确实手足无措，不知从何入手，但作为他的老师，我必须硬着头皮上。课后我查阅知网，求助医学专家朋友，他们建议我给予这类孩子更多的鼓励、激励和信任，从小事做起，培养孩子自理的能力。

家长会结束没多久，我便对这个孩子进行了一次家访。毕竟"解铃还须系铃人"。与孩子母亲交流时，我告诉她平时要多抽些时间陪陪孩子，多关心他的生活和学习。他母亲一脸愧疚又无可奈何的样子，对我说："李老师，小的孩子实在太小，大人照顾他都很费力气，另外大的也不爱和小的玩，我以为他只是赌气，所以平时我也就没想那么多。学习上，我督促他他就学，但是效果也不好，所以我也不想逼他了，只要他开心一点就可以了。"听了他母亲的话，我一下子全明白了。我告诉她，孩子虽然幼小，但心思是很细腻敏感的，缺少父母的关爱使他在家庭中感到孤独无助，有心事也没有倾吐的对象，使孩子变得自卑、苦闷，造成消极悲观的心理。再加上孩子本身有疾病，通过交流沟通增进家庭成员之间的感情是非常有必要的。通过我的家访谈心，我的观点得到了家长的认可，我和家长达成了共识，决定共同为孩子创设一个和谐平等的家庭教育环境。

了解了全部情况后，我深知要想转化他并非一朝一夕、一言一行能做到的，我必须给予他更多的爱与宽容。最初，他对我的关心保持沉默，我想，只要多一些耐心，他会愿意亲近我的。于是我会在课堂上提问他最简单的问题，通过课间谈心、课后辅导等多种渠道亲近他，连他喜欢的王牌我都会和他絮叨絮叨。不久，从他看我的眼神中我感受到了一丝温暖，他对我的关心不再那么抗拒和抵触了。虽然他还在治疗中，每天还是有许多令人头疼的状况，可我并不会铁面无私地严格处理，只要这孩子有一点点的改善，我都会极力鼓励他，偷偷为他设立一些规矩上的小"漏洞"，只要我不断加温，不断浇水施肥，小心翼翼地保护着他刚刚萌发的积极性，就像保护着一棵刚出土的幼芽，使他健康茁壮地成长。

在班级里，之前然然对同学们都有抵触心理，好像觉得大家都会笑话他，看不起他，所以他不愿意参加集体活动，不愿意和大家一起玩。要想改变这种情况，必须用友情的力量来感化他，让他知道大家都愿意和他做朋友。要知道，同学的帮助对一个后进生来说是必不可少的，同学的力量有时胜过老师的力量。同学之间一旦建立起友谊的桥梁，他们之间就会无话不说。因此，我课后问他，最喜欢班上的哪位同学，他犹犹豫豫地告诉我一个名字，于是我找到那位同学，小心地问他愿不愿意和然然坐同桌。在我的穿针引线下，然然交到了第一个朋友。在这个同学的陪伴下，然然变得不再孤单，连学习都有了干劲，让我很意外。通过同学的教育、感染，慢慢地，然然也会主动和身边几个同学交流了。我看了特别感动，悄悄地告诉他，其实还有很多同学也想与他交朋友，他可以把自己的那些有趣的童话故事书和大家分享。听了我的建议，第二天，他真的主动把自己的童话故事书带来了，虽然他只对同学说了一句"给你看故事书"，可是同学们的一声声"谢谢"让他羞红的脸变得更可爱了。

俗话说："尺有所短，寸有所长。"学困生虽然有很多不足之处，但再差的学生也总有某方面的优势。因此，我们在日常教学过程中要细心观察学困生，从他们身上寻找闪光点，以闪光点为突破口，进行表扬、鼓励，使他们树立"我能行！我不比别人差"的自我意识，让他们享受成功的喜悦，树立上进的信心。经过一段时间的努力，我发现然然在领队方面很负责，尤其是在"小红军"主题运动会上，他认真刻苦地练习走正步，领队积极。所以我经常在学生面前表扬他，还让他把走正步的样子展示给同学，让他发现自己的价值，消除自卑感。现在，他的行为已经得到了全班同学和老师的认可，连犯错误的现象也明显减少了，有时在课堂上还能看到他高高举起的小手。我知道，他变得自信了。现在，我经常能看到然然脸上洋溢着笑容，看到他和同学在一起游戏的欢快场面，看到他在学习上一点点的进步，我心里格外欣慰。

如今，作为一名教师，我深深地体会到，要教育好学生，就要付出艰辛的劳动，就要坚持不懈，不断探索适合学生的新方法。法律也讲人情，何况一个班级。倘若问我班级管理的"宽"与"严"到底该如何把握，我只能说，用心、用爱，才能打开学生的心灵，也正是因为没有所谓的固定答案，我们的教育才弥足珍贵。

班级有关二胎问题的处理与启示

兰州市七里河区火星街小学　路云霞

2015年10月，我国实施全面二孩政策。有不少家庭都迎来了自家的二宝，在这个过程中，大家充满了欢欣与喜悦，但是有的家庭也存在一定的麻烦与焦虑。

2016年，我接任本班的班主任工作，时至今日，和孩子们相处将近六年，这六年恰逢二宝的大潮流，我经历了本班部分家庭陆陆续续迎来二宝，可谓是看着二宝给家庭带来变化的班主任，今天我想通过自己班的案例谈谈我的感受。

案例一：

二年级时，我们班的女生小A堂而皇之地拿了别人的物品，而且气势很足。我知道这件事后很奇怪：这么乖巧的孩子，在这么小的年龄，怎么有这样大的胆量拿别人的东西呢？我直接和家长取得了联系，孩子妈妈来办公室后我们聊了很多，不知不觉说起家里还有个妹妹，而妈妈偏爱小宝，对小A满是不在乎、不喜欢。这时，我忽然明白了小A的行为，从心理学角度讲，她是想引起人们对她的关注。我向小A妈妈提出了她对大宝错误的态度和做法。她听从了我的建议，觉得大宝有这样行为和她有很大的关系。小A妈妈走后，我把小A叫到楼道里一个隐蔽的地方，我告诉她老师不责怪她，但是有两个要求：一是这种行为不准再有下次；二是学着理解妈妈，妈妈因为照顾妹妹太忙了，有时有照顾她不周到的地方，她长大了，要学着妈妈的样子一起加入照顾妹妹的行动，这样一家人其乐融融不是很好吗？现在的小A各方面都很优秀，但我隐隐感到孩子心里憋着一股劲儿，她强迫自己付出更多的努力，她要优秀给所有人看。

案例二：

小B是一个开朗活泼的女孩，课间总能看见她阅读的身影，正因为如此，她的成绩一直较好。可是四年级那会儿，她的成绩一落千丈，我与她谈心几次，软硬兼施，但是收效甚微。无奈之下，我拨通了她妈妈的电话，了解了孩子在家的学习情况，这时我才知道原来她妈妈怀孕了。我的感觉告诉我，可能小B并不想妈妈再生一个小宝宝，所以心理压力大导致成绩下降。我把我的猜测也和她妈妈做了沟通，让她妈妈这段时间不要把注意力都放在怀孕上，和大宝谈心，把孩子的心结打开。第二天放学后，我有意留下小B。空荡荡的教室里只有我们两个人，我问了问小B关于妈妈怀孕的事以及她对这件事的想法，结果孩子果真不愿意二宝的到来。我安慰她说妈妈是为了有人陪伴她一起长大，多一个手足，多一份依靠，孩子才想通了不少。现在六年级了，小B的成绩依然没有恢复到原来的状态，看得出只是被迫接受。前不久，我又和她妈妈打电话联系，希望她在大宝回家后把小宝交给家人照顾，先陪伴大宝学习，我知道这有一定的困难，但为了两个孩子应尽量克服。

案例三：

前不久，调皮聪明的小C不仅成绩下降，还一改往日的状态：原来看见我就远远躲藏，现在刻意在我跟前找话说，有时甚至故意犯点小错误，"巴不得"我批评他，似乎这样心里才有些许安慰。我明显感到孩子的变化，但是还没想清楚原因。这时兰州因为疫情居家学习一个月，在这一个月里，我在和其他家长的沟通中无意间知道了小C的妈妈怀孕了，我心中的谜团似乎打开了。复学后的第二天，我先和小C单独聊天，了解他对此事的想法。果然不出所料，他的摇头告诉我，我的猜测是正确的，我们边谈心边走到了校门口。望着孩子远去的背影，我拨通了他妈妈的电话。他妈妈只知道孩子成绩下降了，以为孩子不用心，根本没想到还有这方面的原因。我希望他的家长在我的提醒下做好兼顾！

其实，作为班主任的我也是一个二胎妈妈，也许正因为如此，我对家长和孩子感同身受。家有二宝的好处我们不再赘述，我只是把自己的一点点想法分享给大家。首先，请在准备要二宝前做好大宝的思想工作，尤其是大宝年龄稍大的。此时的他们已经有了自己的判断与想法，长期作为独生子女的他们害怕二宝的到来会分享家人对他们的爱与关注。如果沟通不到位，极易引起大宝情绪和行为的波动，使他们内心深处受到很大的影响。其次，越是有了二宝越应该把更多的注意力放在大宝身上。当安抚好大宝的情绪后，大宝也会把这种爱传递给小宝，这样家庭才会更加其乐融融，形成良性循环。最后，有些家长比较粗线条，怎样想就怎样做，没有注意自己对待大宝的态度与言行，更不能从大宝细微的变化中发现问题，还认为大宝不懂事，不理解大人，时间久了，就会和大宝之间产生更深的隔阂，进入恶性循环。作为老师，给孩子们思想上的疏导毕竟有限，和孩子们朝夕相处的还是家庭，有二宝的父母应引起重视，在享受喜悦的同时，不要低估大宝的想法。

最后希望每一个家庭都和谐幸福、相亲相爱！

教育案例

每个孩子都是花的种子

兰州市七里河区王官营中心校　张玉婷

　　每位老师的从教生涯中都会教很多很多学生，而每个学生也会遇到很多很多老师。每一种相遇都是一种缘分，用心浇灌这些缘分，好好珍惜，才不负彼此的相遇。

　　怀着对教师这一职业的崇敬，大学毕业后，我如愿以偿地成了一名小学教师。上班不久后，我接任了一年级和四年级的语文课兼任一年级的班主任。当时的一年级只有五个孩子。按理说，学生少，我的工作会很轻松，可事实却大相径庭。在这些孩子中，很多家庭情况都很特殊，父母离异、留守儿童居多，他们学习习惯、卫生习惯都很差，家庭教育缺失，每个学生都有着与众不同的个性和特点，熙攘而来，又纷纷而去。真正应了那句话"一花一天堂"。同事们都开玩笑说："小张，你的运气真不好，各种奇葩学生全让你遇上了，还遇到一个班上了。"曾经我也这么认为，我也不愿意带这个班，当时的我虽不愿意，却还是硬着头皮接了这个班。

　　班上有个女生，医院诊断患有癫痫病，并且伴有智力障碍。刚入校时，孩子的学习能力几乎为零，整个人看起来呆呆的，也不怎么说话。面对这样的孩子，对于当时上课仅仅一学期的我来说不知所措。可是作为她的班主任，我只知道不能放弃她。于是，我请教有经验的老教师，重拾学生时代的教育心理学书籍，在网上查阅相关方法。对于孩子，我认为，最重要的是爱心。对于低年级的孩子来说，表扬的力量是无穷的。及时捕捉孩子的优点，一有进步，我就会放大，从点点滴滴中鼓励她、表扬她。

　　另外，我经常和家长沟通交流，及时了解孩子身体状况和在家的表现。

对她降低要求，只要她愿意上学、愿意写作业，就是值得鼓励的。通过对孩子的观察，我发现孩子模仿能力比较强，便安排班长和她同桌，给予她模仿的榜样，促进孩子的进步。另外，我经常召开"如何和小伙伴相处"的主题班会，引导其他孩子关爱她、帮助她。一点点积累，一次次呵护，渐渐地，孩子开朗了，同学们也开始喜欢她了。

五年的坚守，让我看到了希望。如今，她上五年级了，看起来和其他孩子没有什么区别，笑起来可好看了，乐于助人，活泼开朗，关心集体；学习上也有了进步，会写好多字了，并且篮球打得不错。虽然孩子的学习成绩很不好，随着年级的增高，考试对于她来说越来越难，每次考试都只能考五六分，但她开朗、真诚、善良，这些对于孩子来说弥足珍贵。

每个孩子都是花的种子，只不过每个人的花期不同。有的花一开始就会灿烂绽放，有的花需要漫长的等待。不要着急，细心地呵护他们，慢慢地看着他们长大，陪着他们沐浴阳光风雨，又何尝不是一种幸福？每个孩子都有自己独特的天赋、特点和梦想，而老师就是他们梦想的守护者。从今天起，多给孩子一个微笑，多给孩子一次拥抱，多给孩子一点鼓励，用爱浇灌，用情打动，帮助他们实现属于他们自己的梦想，创造属于他们自己的缤纷世界。

教育案例

我的"趣味"班级

——用"智"不竭，"趣"之不尽

兰州市七里河区二十里铺小学　李文婷

有这样一句流行语，大家也许都知道："好看的皮囊千篇一律，有趣的灵魂万里挑一。"容貌总会随岁月改变，人不可避免地衰老，可是对于生活的趣味却是历久弥新。

作为教师，我们似乎每天都在重复地做很多事情：备课、讲课、布置作业、批改作业……周而复始，日子如同复制粘贴，真的好无趣！可怕的是这种无趣，我居然在孩子们的眼中也读到了！瞧，课堂上死气沉沉，对于老师的提问，孩子们没有主动回答的意愿；听，没有老师在的晨诵时间，教室里吵成了一锅粥，毫无秩序可言；看，孩子们的作文，不是流水账就是陈芝麻烂谷子的旧事，没有温度的文字怎么去感动自己？

学习这件事从来都是一件苦差事，孩子们学习这么被动，我是不是该从自身找找原因了？我该拿什么让孩子把注意力放到学习上呢？无意间，我听见孩子们在课间聊天，他们在聊零花钱的事，原来有些父母会要求孩子干一些力所能及的家务活，如取个快递、洗个碗，但是孩子懒，家长只好用一两块钱作为报酬。虽说钱不多，但是孩子的积极性却很高！看着孩子们眉飞色舞地说着自己靠劳动赚取的"工资"时，我突然计上心头！既然你们爱"财"，我何不对症下药？经过一段时间的准备筹划，我从网上订制了我的秘密武器："阅读存折"和"阅读币"。为了显得更加正式，我还刻了"公章"。当我把"阅读存折"发给每个孩子时，孩子们兴奋得不得了，迫不及待地在第一页填写了个人信息，并在"开卡宣言"上按下了鲜红的手印！生活需要仪式感，学习也是。当孩子们按下手印的那一刻，我的"阅读银行"就正式开业了！为了激发孩子们阅读积累的兴趣，我还制定了"兑换价目表"，相应的财富值可以兑换相应的奖品。这些"小财迷"纷纷行动起来，每天他们一下课就往我办公室跑，"李老师，昨天晚上我又写了两篇读书笔记""李老师，我会背了一首古诗""李老师，你看，我整理并积累了一些有关动物的成语"……挨个检查、盖章、发"钱"，孩子们心满意足地走了，留下窃喜的我。别班的孩子看见我给学生发"钱"，都羡慕极了。

一个月过去了，两个月过去了，我看到了变化：瞧，课堂上孩子们发言的小手像旗帜一样飘扬着；听，不管晨诵、午读时间老师是否在，孩子们都知道拿出书读一读、记一记；看，在班级漂流日记里，在周记、作文里，时不时会蹦出几句精彩的话语，让我惊喜不已；如果谁吵闹说笑，违反了纪律，没有什么惩罚比"扣钱"更管用的了，那些"调皮鬼"收敛了不少，毕竟他们体会过"赚钱"的不易。

"兴趣是最好的老师。"童年本就应该是充满趣味的，孩子们不喜欢死板沉闷的教育教学方式，不喜欢被逼迫。那么，如果我们尊重孩子们的选择和感受，也许他们会比我们想象的更懂事！我想让我的孩子们轻松快乐地学习，为此我冥思苦想了很多有趣的活动："我是小主播""我是优秀推销员"活动，不仅锻炼了孩子们的口语表达能力，更锻炼了他们选择、整合资料的能力。"我是周末厨王"让孩子们利用周末学做一道菜，拍成视频分享到班级群里，孩子们体会到了父母的不易。结合综合性主题单元的学习，让孩子们自由分成三个小组，由组长分解学习任务：备课、资料整理、讲课、创意活动设计。每个环节都出乎我的意料，看着孩子们在讲台上的默契配合，这不就是合作学习的目的吗？期中测试过后，孩子们明显出现了倦怠，那我们就休息一天，"无作业日"让孩子们看有趣的电影，做有趣的游戏，苦中作乐，满心欢喜……

我想，没有什么比孩子们的笑容更能打动人心的了，我不想把他们打造成只会考试的机器，与其说是我在教育他们，不如说是他们激活了我残存的童心！为了做一名有趣的、快乐的老师，我将继续前行：我若用"智"不竭，你将"趣"之不尽！

学会发现别人的优点

兰州市七里河区敦煌路小学 杨 欢

李玫瑾教授在她的讲座中讲道："性格比能力更能决定命运。"她还提到对一个孩子影响最大的，不是兴趣班，是10岁前。小学低年段的孩子所有的行为都需要班主任的指点和约束，因为坏习惯一旦养成，基本就很难改正了。刚入职就接手一年级的孩子，我实在是手足无措，可也必须担负起教书育人的职责。我自己也在心里暗下决心：我一定要把这些孩子教好。

新学期伊始，刚走进教室，我就被一个认真拖地的身影吸引住了，仔细一看是杉杉，他认真地打扫着教室的卫生。多勤劳的孩子，可是他有多调皮，我也一清二楚。杉杉是我们班个子最高的男孩子，说起他，我真的是又爱又恨！上课总是半躺，时不时大喊大叫，课下寻衅滋事就属他最能干，听到最多告状的声音也是他："老师，杉杉打人。""老师，杉杉说脏话。""老师，杉杉的作业一个字都没写。"……

学期中的某天体育课，我正在办公室批作业，班长慌慌张张地跑来喊我——杉杉把一个女生打哭了。这次事情严重了，再不严厉地纠正他，真的就无法无天了！

我生气地快步走向操场，正想狠狠批评他，残存的理智告诉我，要沉住气，问清楚事情的缘由再批评。别说，这帮小家伙可真会看脸色，队伍站得整整齐齐的，就等着我发火。我先让大家说说发生了什么事情，大家争先恐后地说杉杉打人，把女生打哭了，还乱跑，不听体育老师的指挥。我看见这时的杉杉眼睛通红，十指紧握，一副不服气的表情。我让杉杉到最前边来，我问他有没有打人。他很诚实，说打了。我接着问："你觉得打人对吗？"

他说："我知道不对，可是……"突然他不说话了，我明白了，看来是真的有隐情。这时候我无比庆幸我没有直接发火批评他。我让其他学生都回教室，我和他在操场上聊一聊。其他学生可能都觉得我会严厉地批评他，杉杉也表现出了一丝丝的害怕。我心里顿时觉得好笑，真的是孩子呀，情绪都写在脸上。交流之下，我知道他打人是因为这个女孩子在体育课上欺负了他"小饭桌"的好朋友，他要报仇。我真不知道该说他是仗义还是傻气。

之前我一直认为他是一个"问题学生"，所有的错都是他挑衅的，自此以后，我认真地观察了他，也通过家长和"小饭桌"的老师进行了解。因为家里有个小妹妹，妈妈告诉他要保护妹妹，保护比自己小的人。我这才知道他是个小大人，别看才7岁，整天打抱不平，行侠仗义，觉得比他小的被欺负了就自己上去帮忙，打人、骂人也是因为这些仗义的事情。

我真不知道要怎么去教育他。在他帮班里矮个子的同学擦黑板时，我拍了一张照片，借着这张照片，我让孩子们说说得到过哪些同学的帮助，帮你干了什么。大家纷纷举手，畅所欲言。孩子们的友谊真的很简单：借支铅笔就可以成为好朋友。我听到最多的是杉杉：矮个子的同学说杉杉帮他们擦黑板，小女生说杉杉帮她们接热水，有说借卫生纸的，有说帮忙拿拖把的……我才知道原来他不只是调皮捣蛋，无形中成了班级里的小大哥，也帮我处理了很多我不知道的小事。我让孩子们给他鼓掌，谢谢他帮助过大家。这时候的杉杉才真的像个小孩，笑得无比开心，脸蛋红红的，真帅气呀！

借此机会，我让孩子们多发现别人的优点，也鼓励大家互相帮助，帮助别人或是发现别人的优点都可以得到一朵小红花。孩子们的积极性一下调动起来了，班级里的凝聚力也开始有了雏形。想到这里，我就无比兴奋、开心。

孩子们都是纯真可爱的，他们只是处理问题的方式不对，不会用太多的方法来交流，作为班级的核心人物——班主任，就是要让孩子们学会交流、学会相处、学会处理问题。每个孩子的性格都不一样，不能一概而论，要深入了解他们，了解他们的处境、面对的状况，解决问题，也才会让他们信服。同时，我们要相信每个孩子都是最好的，人非圣贤，孰能无过？犯了错只要改正，就是最棒的。

　　我也要努力地学习探索更适合孩子们的教育方法，用更多的爱和耐心去影响教育孩子们。相信孩子们的天真可爱，孩子们才会对我敞开心扉，才会愿意和我倾诉自己的小秘密，这样，班级的凝聚力、向心力也会在无形之中慢慢形成。我希望给他们创造一个自由、平等、轻松、温馨的班集体，呵护他们一路前行！

一路有我相伴，你们的童年不再孤单

兰州市七里河区晏家坪第二小学　郑华丽

时间如白驹过隙，转眼从教有二十个年头了。从青春气盛的青年步入不惑的中年，芳华易逝。20年的辛酸与苦痛又有谁知晓呢？回顾20年来走过的教育之路，我的职业生涯简单而平凡。但在这平凡中，我认真地过每一天，静静地享受温暖的阳光，享受清爽的夜风，享受花儿的芬芳，享受桃李满天下的自豪与快乐……

2004年8月，身在阿干镇小学的我响应七里河教育局轮岗的号召，从阿干镇小学到了阿干镇马场小学。阿干镇马场小学地处阿干镇深山，山大沟深，道路崎岖。因为交通闭塞，这里的人很贫穷。很多孩子营养不良，年龄很大，但个头很小。

马场小学坐落在马场村较高的一座山头上。校园内有两排平房，一排是教师的宿舍，一排是学生的教室。当时马场小学是一所有二至六年级，60多名学生的学校。当时到马场小学轮岗的时候我已经怀孕3个多月了。因为马场小学交通不便，所以我们轮岗的老师不得不住在学校的宿舍里。两个老师一间宿舍，宿舍里有床、桌子、炉子等简单家具。所谓的床其实就是用四张桌子拼在一起的"卧具"。

这儿的夜是寂静的，周围没有一丝声响，只有天上的星星眨着眼睛，似乎是亲人关切的眼神。那时，老师们唯一的娱乐工具就是放在传达室里的一台破旧的电视机。

本以为山里的孩子老实好教，但一切与我想的不一样。在这里，我担任三年级数学和五年级语文的教学工作。虽然两个年级加起来一共14人，但这里的学生基础差，底子薄。从1998年工作到2004年，我一直从事的都是语文教学工作，这对从未教过数学的我来说是一种挑战，而更大的挑战是马场小学进行的是复式教学：三年级学生上课，五年级学生做作业；五年级学生上课，三年级学生做作业。

三年级学生运算正确率都很低，尤其是小花，乘、除的基本运算都不会。五年级学生虽然知识面窄，反应慢，但他们踏实肯学。不过，一个叫思明的学生比较调皮，上课不注意听讲，总是东张西望。

面对学生的现状，我没有失望，我要利用这仅有的一学期时间，让他们的学习有所提高。为了提高三年级学生数学运算的正确率，课堂上除了讲授新课以外，我每天给学生出十道符合他们实际情况的题目。我采用面批作业的方式，当即告诉他们错在哪里，及时改正，做到题不二错。

三年级的小花因为基础差，学习特别吃力，我便利用课余时间给她补二年级的数学知识。慢慢地，她对数学开始感兴趣了。虽然她的成绩还是不理想，但是她的学习态度改变了。谁能说这不是一种进步呢？

五年级的思明，经过一段时间的观察，我发现他会劳动。别的孩子干不了的活他都会干，如堪炉子、打烟筒、给烟筒抹泥。生炉子这样的活很多山里的孩子都会，但安烟筒、堪炉子、往烟筒接缝处或漏烟处抹泥很多孩子却不会。怎么办呢？请家长来帮忙吗？秋收一过，很多家长都出去打工了，自己的问题还是自己解决。"五年级的同学，我们是三年级同学的哥哥、姐姐，这些活谁会？"我高声地问五年级的孩子。突然，调皮的思明眼睛里闪现出一丝笑意，怯怯地把手举了起来。每个孩子都有自己的闪光点，这不是一个很好的教育契机吗？我大声对孩子们说："思明真棒！我们为他鼓鼓掌好吗？"思明备受鼓舞，说干就干！和泥、堪炉子、安烟筒、抹烟筒……干这些活不在话下，好一个动作麻利的思明。"如果思明学习像干活一样棒就更好了！"我笑着对思明说。他不好意思地挠着头对我笑笑。因为这件事，同学们改变了对他的看法，对他越来越热情了。我抓紧机会，趁热打铁。我对同学们说："同学们，咱们教室里的炉子这么热，是谁的功劳？"同学们齐声回答："思明！""他的学习不够好，我们又该怎么做？""帮助他，帮助他！"这是同学们的肺腑之言。很多原来讨厌他、瞧不起他的同学都加入了帮扶他的队伍。在我和学生的努力下，语文从未及格的思明终于考及格了！看到试卷上鲜红的60分，同学们笑了，他也笑了。

冬季来临后，马场的雪格外多，因为这里的树多、植被多，形成了局部小气候。兰州市下一场雪，这里能下三场雪，兰州市降雪3厘米，这里就能达到10厘米。上周还是太阳高照，这一周已经是雪花簌簌了。

周一早上，是我们四个支教教师一同回学校的日子。阿干镇的街面上附着一层薄薄的雪。这点儿雪，小面包车行路是不怕的。为了安全，我们租的面包车驾驶员华师傅在车轮上绑上了防滑链。从阿干镇步行到马场需要两个小时左右，坐车若不遇到下雪20分钟就到了。人们常说，怕什么来什么，这话不假。车行的前5分钟，虽然颠簸，但还算顺利，5分钟一过，路上的雪越来越厚了。阿干镇街面上的雪只有1厘米，这里的雪就达到5厘米，车子一步三滑，小坡勉强冲上去，大坡怎么也上不去了。华师傅无奈地说："老师们，对不起了，我只能送你们到这里了。"

我们下了车，离目的地还有一个半小时的路程，那时我怀孕5个多月了，走路有些吃力。支教的两位男老师轮流背着我的包，另一位女老师拉着我慢慢地走。我看这样的速度太慢了，就对冯老师说："冯老师，不如你先走，跟上杨老师和刘老师。孩子们还等着上课呢！"冯老师担心地问："小郑，你行吗？""我行，没事儿的。"我轻声说。

皑皑白雪覆盖下的大山一片苍茫，道路两旁红红绿绿的树木都披上了白色斗篷，好一片银装素裹的奇景！可我却没有心思看这洁白的冰雪世界。我步履沉重，时不时伴有一阵眩晕，踩着同事们留下的脚印艰难前行。一想到山里孩子们期盼和求知的眼神，我便鼓足了勇气，心想：坚持就是胜利！就这样，走一走，歇一歇，终于挨到了学校。

孩子们，我来了，一路有我相伴，你们的童年不再孤单！

有人说：教师是播撒知识的种子、传递文明火炬的使者。我爱我的职业，我爱我的学生。我愿做这样的种子、这样的使者，我愿用倾注心血的爱让孩子们早日绽放！

怎样做好后进生的转化工作

兰州市七里河区晏家坪第二小学　郑华丽

　　每个班中多多少少都有那么几个后进生，后进生因为学习成绩不理想而受到冷遇：家长失望、老师批评、同学反感。如果教师不及时关注并帮助后进生，那么长此以往，后进生受的打击多了，轻则对学习失去信心，重则会自暴自弃。然而，我们不要只看到他们的学习，还要看到他们身上诸多良好的品德，不放弃他们。那我们如何去做后进生的转化工作呢？

　　要想使后进生有所进步，必须了解清楚后进生学习后进的原因是什么。

　　学生来自不同的家庭，由于遗传因素等的影响，每个后进生都存在个体差异：反应有快有慢，学习能力有强有弱。教师对于这样的后进生要采用鼓励、辅导的手段，让他们掌握在课堂上没有掌握的知识，鼓励他们对自己充满自信。有了老师坚持不懈地努力，这类后进生的学习定会有起色。父母因为没有耐心而放弃了学生的学习，作为最后一道屏障的老师如果也放弃学生，那学生只有灰心失望了。哪怕只有几句话，也会滋润他们的心田；哪怕只有关切的眼神，也会使他们高兴无比。老师要多与这些后进生交流，让他们知道自己是有希望的。

　　教师还要充分了解后进生的喜好和性格特点，才能找到适合这些后进生的教育方法，从而使知识的辅导顺利开展。一个生字别人可能记一遍就记住了，可他们要记几遍甚至十几遍，更糟的是他们好不容易记住了，但很快又忘记了。老师平时多与后进生交流，知其喜好，找到适合他们的辅导方法尤为关键。老师可以采用与孩子们交朋友的方式。后进生在学习上没有压力，那么他们学得就很轻松。在辅导的内容上注意要有层次，要由易到难，先让这些后进生巩固容易的内容，让他们有了自信心以后再让他们掌握难的知识。反之，就会让他们从思想上不愿接受，不愿去学。

有些后进生成绩差的原因不是他们反应慢，也不是他们接受知识的能力弱，而是他们在学习上很懒惰，对学习没有兴趣。对于这样的后进生，教师不仅要多鼓励、夸奖他们，还要在辅导他们时注意传授方法，调动他们学习的兴趣点。例如，有些后进生喜欢动脑筋，但对于语文上的生字、词语巩固却不牢固。那么老师可以向他们推荐谜语书或是其他他们感兴趣的书，无形中促进后进生的学习，又让他们保持高度的兴趣。教师可利用个别后进生爱炫耀的特点，让他们把很快掌握的知识传授给那些反应慢、知识接受能力弱的同学。这样既满足了这类后进生的虚荣心，也使其他后进生受到鼓舞，让他们知道，后进生也是可以当小老师的。

另一类后进生，造成他们后进的原因是基础知识很差。在做这类后进生的转化工作时，教师一定要找到源头，才能得心应手，才能卓有成效。例如，知道后进生的阅读能力弱，就要探究阅读能力弱的原因，是阅读材料中的生字不认识，还是词语不理解？如果是阅读中的字不认识，辅导后进生就要教给他们识字的方法。拼音是一种必不可少的识字工具。知道了音才能较容易地记住它的形。拼音中的单韵母和声母的读法是容易的，但一到拼读，特别是三拼音节的拼读就很难了。这对于后进生来说，如临大敌，让他们不知所措。如果出现这种情况，教师此时辅导的内容不宜过多，让学生先熟练掌握两拼音节的方法再步入三拼音节，循序渐进地进行辅导，学生才容易接受教师所传授的知识。掌握了拼音就等于掌握了一种识字工具。

还有一类后进生没有养成良好的学习习惯，性格顽劣，爱欺负同学或是爱跟别人打架，谎话多……家长也约束不了。做这类后进生的转化工作一定要让这类后进生听老师的话。首先要让他信任老师。在这一过程中，老师要忍受住这类后进生的嚣张气焰，要用自己的爱去慢慢感化他。他不愿与老师交流，老师要有意地多与他交流，了解他的期望与苦闷，要让他知道老师不管是严格地要求还是耐心地教育，都是为他好。老师在取得他的信任之后，要试着让他多与自己交谈，走进他的心里，与他交朋友，这类后进生的转化工作就成功了一大半。随后的工作就是老师对他耐心地辅导和教育了。

后进生后进的原因各有不同，教师需要知晓他们后进的原因，本着一颗爱生之心，对不同的学生采取不同的辅导方法，何愁班上后进生的转化工作做不好呢？

十年树木，百年树人。

桃李不言，下自成蹊。

睁开欣赏的双眼

兰州市七里河区敦煌路小学　李　璇

有这样一句话，想必大家都听过："老师不经意的一句话，可能会创造一个奇迹；老师不经意的一个眼神，也许会扼杀一个天才。"如今站在讲台上的我，也终于明白这句话到底意味着什么了。

老子在《道德经》里说："大音希生，大象无形。"教育润物无声，是一种智慧，一种境界，一种追求，教育虽然无形无声，但有迹可寻。相传有位老禅师，夜晚到禅院里散步，看见墙角处有一把椅子，便明白有位出家人违反寺规越墙出去了。老禅师不声张，走到墙边，移开椅子，就地而蹲，不到半个时辰，他果真听到墙外一阵响动。少顷，一个小和尚于黑暗中踩着禅师的脊背跳进了院子。当他发现自己踩的不是椅子而是师父时，惊慌失措，张口结舌，站在原地等待师父的责备和惩罚。出乎小和尚意料的是，禅师并没有厉声责备他，只是以很平静的语调说："夜深天凉，快去添衣。"一则小故事让我们理解了宽容的含义，体会到宽容的力量。老禅师以博大的胸怀宽恕了弟子，这种宽容不是纵容，而是以自己的行动去教育弟子，这比那些严厉的说教更有力量，心灵的教育应该柔韧成刚。

就是这个孩子，她穿校服的日子屈指可数，若不是学校有特殊要求，我就没见过她穿校服。公主风、潮流时尚的混搭风、日韩风，每天的衣服都不重样，从她的衣服知道她的家境应该还不错。但只要翻看她的作业，我能分分钟原地爆炸300遍——橡皮没擦干净的铅笔书写痕迹、本子上擦破的洞、脏脏的手印以及想改又不愿改最后涂抹的黑印，还有歪七扭八像鬼画符一样的汉字。我实在想不明白：她怎么会写出这样的字？所以，不管是上课还是批

157

她的作业，只要是书写差劲，要么在教室里批评她，要么是叫来办公室再对她进行严肃的教育，以表我的愤怒之情，这导致她后来看见我，眼神总是怯生生的。只要我在教室里，她什么时候都低着头，即使要去上厕所，都非常小心地问我李老师能不能去厕所，然后快速地从我身边绕开。

直到有一天的阅读课上，我讲完《小熊的愿望》，走到她身边，顺道总结了一句："我相信我们每个同学身上都有闪光点。"我听到她非常小声地说了一句："老师，我有没有闪光点啊？"我听到这稚嫩的发问，心中一颤，眼神自她投去。她以为我要批评她上课没认真听讲，一双水汪汪的大眼睛直勾勾地看着我，一脸委屈。我突然意识到，我是不是对她批评得太过分了。于是瞬间换了副面孔，直接告诉她："你怎么会没有闪光点？你乐于帮助同学，有一颗正义之心，谁被欺负了你总是第一个来告诉我。"听到这里，大家可能都会笑，这不是班上最爱打小报告的同学的共同品质吗？可是那一瞬间，我想让她自信一些，我想让她为自己骄傲一次。随后的日子，她的作业只要有一两个写得好的字，我都会给她画一个笑脸或者给她一个98、97分，又或者写三个字"有进步"；上课只要见她举手，我都会叫她，鼓励她。

果然，她最近书写好多了，连数学老师都说，她好像变了个人，写作业认真多了，上课回答问题也积极了。我一方面替她高兴，另一方面又有些后悔：如果我早点这样对她就好了。一节小小的阅读课居然教会了我该如何做老师。我相信，作为老师都听过家长说"老师，请你对我的孩子严格一些"，我一直以为就是对孩子抓紧抓紧再抓紧，然而那天之后，我发现，不是的！带着欣赏的眼光，带着赞扬的眼光，他们才会越来越好！

教育永远没有最好，只有在永无止境的探索中不断完善，在永不停步的发展中壮大自我。在这片星辰大海里，我愿张开宽容的风帆，用自己的行动去教育感化孩子们的心灵，愿他们在春雨般的润泽下，永远闪烁璀璨的光芒。

教育随笔

《草原小镇》观后感

兰州市七里河区火星街小学　刘 岩

罗拉是《草原小镇》一书中的主人公，她为了让玛丽到盲人学校读书而努力学习。最终，15岁的罗拉获得了教师资格，成了一名教师。

9岁的罗拉为了帮玛丽，独自去镇上的裁缝店缝衣服，工作了6个星期，赚了9美元。从未离开过爸妈的罗拉独自在小镇做着重复单一的工作，"9美元"让罗拉义无反顾。

爸妈送玛丽上盲校，罗拉带领两个妹妹进行房屋大扫除。眼看着床褥被雨水淋湿，罗拉扛起了所有。"妈妈高兴"让罗拉力大无穷。

15岁的罗拉在教学成果展中精彩亮相，为自己赢得了宝贵的教书机会。她当上老师，意味着玛丽可以继续在盲校读书。每个月的20美元对罗拉一家而言真是一大笔财富。

从一个人独自在镇上工作到去离家12英里以外的学校教书，对于罗拉而言，每一次都是全新的挑战。值得高兴的是，罗拉经受住了考验！

小说会给主人公制造一些"麻烦"。

罗拉的第一任老师怀德小姐，确实不是一位好老师。书中没说明她为什么一直针对罗拉和罗拉的妹妹，但是她对待罗拉姐妹的态度令人气愤。幸亏罗拉内心足够强大，否则，怀德小姐不公平的言语和评价足以毁掉一个孩子。不敢想象，学校里没有罗拉的卡丽会变成什么样。

遇见好老师是一件幸运的事。

小说中的内莉是第二个让人生厌的人物。她鄙视全班同学，尤其是罗拉，因为原本是城里姑娘的内莉，由于父亲破产只得搬到乡下居住，过罗拉上学读书之前的生活。罗拉与内莉恰恰相反。内莉嫉妒罗拉。一旦开始嫉妒别人，行为就会走向极端。

遇见坏同伴是一件麻烦的事。

罗拉一家用自己勤劳的双手不仅丰衣足食，而且搬进了城里。罗拉挣钱帮玛丽去盲校读书，爸妈引以为傲；罗拉和卡丽不是放学的时间回到了家，当爸妈知道她们被遣送回家的原因后，没有责骂，只是让姐妹俩坐下来看书，下午在家里学习，并且让罗拉不要理会流言蜚语。

遇见高素质的父母是一件幸福的事。

朋友的信任、父母的支持、陌生人的认可，甚至是小男生的青睐，所有的这一切都和罗拉自身的努力与坚持分不开。她没有向"恶人"低头，她敢于反抗、敢于说不。

故事最后，罗拉担心自己在陌生的环境里不适应。怎么会呢？她一定会胜任这份工作，并且成为一名好老师。

《草原小镇》虽说是儿童文学作品，但还是有些句子会给我们以启迪：

"尘世的生活就是一场战斗，你的对手不是这个，就是那个，或者是现在，或者是将来，始终存在。"妈妈说。

"来说是非者，就是是非人。"爸爸说。

"在日初和日落间逝去的时光，每个黄金般的小时，都镶嵌着六十个钻石的分钟，一旦失去，就无法挽回。"

《草原小镇》中的罗拉告诉我：心存善念，阳光不爽约；内心污浊，阴云不消散。

不平凡的世界

兰州市七里河区火星街小学　刘　岩

（一）

路遥在《平凡的世界》中描写的憨老汉田二让我将儿时记忆中的一个"魔鬼"对号入座。

这个被我称为"魔鬼"的人论辈分来讲，我还得叫他一声"姥爷"，他有智力障碍。姥爷的哥哥当时是村委会的一把手，现在想来，估计是因为哥哥，所以姥爷到谁家去，赶上饭点儿，谁家都会给他一碗饭。就这样，稀里糊涂地活到了80多岁。

其实，一开始我并不害怕姥爷，还有些可怜他，谁知有一年过年发生的一件事让我对他避之不及。

事情是这样的：

那年，我随父母回老家探亲。

一日，和几个姐姐在炕上玩得火热，我们的嘻嘻哈哈声引来了姥爷。看我们姐妹们玩得热闹，兴许他想加入，便一步一步靠近我们的大炕。一边走，一边笑。他大笑后露出了仅有的两颗牙齿，因为高兴眯起来的混沌的眼睛以及塞满了污垢的长指甲，这三样加在一起，令他像张牙舞爪的"魔鬼"一样冲进了我的视线。

我和二姐吓得躲在了大姐身后，大姐一声呵斥，姥爷收回了长指甲，收回了大牙，转身，出了屋。

从那天开始，一见到姥爷我就跑，而他呢，以为我在和他玩，见我跑他就追。他越追，我越跑。后来，老妈都看不下去了，冲着姥爷瞪眼睛。直到姥爷的老娘拿着扫帚揍了他一顿后，才不追了。

姥姥去世那一年，我和妈妈回老家。一进院子，就看到正在忙着洗碗的姥爷。他坐在屋檐下，围着个大围裙，袖子油乎乎、湿漉漉的，抬头擦汗的时候看见了我，又露出了他招牌式的"魔鬼"般的微笑，嘴里仅剩的两颗牙齿越发长了。或许是他面容消瘦的原因吧，我仍旧害怕，不敢再看第二眼，低头进了屋……

印象中，姥爷一直穿一件大裆棉裤，上身穿一件早就看不出颜色的外衣，因为我只有过年才回老家。

和路遥笔下的田二一样，姥爷额头光滑饱满，但又和田二不一样，他没有孩子，一直靠老娘照顾。老娘死后没多久，姥爷也去了。

没娘的娃注定命苦，更何况还是个没娘的智障。

文学巨著最大的魅力就在于此，细致入微地刻画一个人物，总会让你在生活中找到与他雷同的人。

（二）

老汉孙玉厚不容易。

孙玉厚16岁时父亲便去世了，弟弟玉亭只有5岁。为了让弟弟孙玉亭上学念书不当睁眼瞎，他想尽办法帮玉亭找到了可以读书识字的地方，初中毕业后的孙玉亭便当了钢厂工人。

20世纪50年代，家里有个当工人的子女，那可是件光耀门楣的事。

按理说孙家应该时来运转了。可是60年代困难时期，弟弟孙玉亭死活不去钢厂当工人，张罗着要结婚当农民。于是，哥哥孙玉厚借了一河川的债才算帮弟弟成了家。

谁承想，小两口一个不会劳动，一个不会过日子，日子过得一天不如一天。玉亭毕竟上过几年学，靠着自己那点文化基础，在村里一身三职，倒也觉得自己是个人物。

可是，我要说他什么人物都不是！

真要是个人物，便不该在哥哥的女婿王满银落难劳改之时冒出批斗自家哥哥的想法！

真要是个人物，看在过去老哥为自己付出那么多，此刻便是报恩的时候，毕竟长兄如父！

真要是个人物，无论如何也要将自个儿的小日子过起来，一来九年的书不能白念，二来不能对不起老哥孙玉厚为自己砸锅卖铁！

这么看，孙玉亭不是个人物，最起码在二十四章之前他不是个人物，只是一个不懂得回报、自私自利的人。

真为老汉孙玉厚抱不平！

一手拉扯的弟弟，虽然在村上当着官儿，但，不仅自己的日子过得不成样子，侄儿、侄女一点忙都帮不上。幸好，少安、少平、兰香几个孩子争气，也不打算靠这个叔叔干点什么。虽说孩子们不计较，可是孙老汉的心里一定不舒服。

看到第二十四章，看到孙玉厚为儿子少安的亲事，看到自己好好的窑被弟弟糟蹋得快塌了，真替孙玉厚不值。为了这个弟弟，他吃了不少苦，若是苦没白吃倒也好，可眼看着弟弟这副模样，心里怎么会痛快起来！

老汉孙玉厚是个善良的人，年轻时为家人操碎了心，年老时为儿女操碎了心。他这是尽为人子、为人父的责任，愿老好人孙玉厚以后的日子不这么难，弟弟能长点儿心，为自家人做些什么。

好人，一生平安吧，无论是小说中，还是生活中！

（三）

孙少安是个好后生。

第一本书结束，孙玉厚的大儿子少安可谓是福祸双至：先是当了爹，后打算将一队分成承包组的计划不但被驳回，还被扣上了复辟资本主义的大帽子。

少安不像他老爹孙玉厚，有主见、有胆识、果断聪慧。

少安的智慧在姐夫王满银被抓劳教求人一事上就表现了出来，他借助田润叶这个青梅竹马的同学兼朋友，找对了人办成了事儿。田福军——润叶的二叔，一封信便解决了孙家所有的难题，在这件事上润叶起了极大的作用。这足以证明，有些事找对人即刻解决，找不对人不但拖泥带水，还耗时耗力。

我觉得作者路遥的心是偏向少安的，要不然村子里毁坝偷水金家死人的时候，少安刚好不在，否则依据少安的脾气，断然不会让这种事发生。

少安的果断体现在他与润叶的感情上。虽说两人小时候好得像一个人，即使在情窦初开时也心里装着彼此，可成年后悬殊的地位让他们越走越远：一个是县城里的小学教师，一个是地地道道的庄稼汉；一个是干部子女，一个是贫下中农。少安和润叶的心里绝不会有什么旁的想法，但是他二人身后站着的人却太有想法了，单是润叶她爹田福堂就不会同意，不但不同意，还会变着花样地拆散二人。

"门当"才能"户对"，三观不同迟早会让日子过得如履薄冰，老话不无道理。

润叶毕竟是个女孩子，像很多女孩子一样，以情感为重（除了少平遇到的郝红梅），一心为了少安。少安是个聪明人，不是不懂，只是为了不让润叶日后不好过。

感情这种事历来说不清道不明。

幸运的是，少安从远地带回来的媳妇很疼少安，也很懂事，直到儿子降生，两个人从未红过一次脸。倒是润叶，一时糊涂，听了二叔老丈人的话，为了二叔和李向前结婚。糊涂一时，后悔一世。

直到第一本书结束，润叶似乎还没有缓过劲，依旧沉浸在失去少安的痛苦中。少安的果断让润叶苦了好一阵子。不知道他们的故事后面会不会有什么变化。

命运，让你无法预料下一秒遇到的是什么人，也无法让你预料很多事到底是喜还是忧。

不管怎么说，少安是个有想法、敢担当的人，这种人走到哪里都会与众不同；弟弟少平也是金子一块，一有机会，便会闪闪发光。

浏览量已经涨到450的《不平凡的世界（一）》中描写的智障田二成了润叶父亲炸山筑功的牺牲品，他是书中继毁坝偷水事件死去的第二人。说起来，两个人的死都和润叶爹脱不了干系！

做了坏事，不是不报，可能是时候未到，又或者是会让家人遭殃！存善心，做善事，灾难是不会殃及身边人的。

黄土高原上的这些人未来会是什么样子呢？读下去才知道。

此刻，我早已与书中的人物同呼吸、共命运了！

读《侠客行》有感

兰州市七里河区火星街小学　刘　岩

看到"侠客"二字，你的脑海中一定会浮现金庸笔下路见不平拔刀相助的武林高手行走于江湖的场景。然而，我写的这位"侠客"并非行侠仗义、除恶扬善，而是饱览山河湖泊、攀登绝崖峭壁的人。这位"大侠"就是我国古代杰出的旅行家徐霞客。

中华书局出版的《徐霞客游记》记录了徐霞客游天台山、雁荡山、黄山、武夷山、庐山、太和山、五台山、秦人三洞、七星岩、白水河瀑布、丽江、大理、鸡足山……共计28篇。游记有长有短，长有千字，短则百十字。祖国的壮丽山河、奇峰异胜，徐霞客尽收眼底、尽显笔下。

霞客行，与山水行！

《徐霞客游记》目录中写徐霞客"放弃仕途，寄情山水"。在以科举中第为荣耀的古代，徐霞客绝对是特立独行的。他的旅途并非官府指派，所以没有充足、富裕的物力和人力支持。一路上，全靠自己筹资。他的义无反顾让我想到了修建乐山大佛的僧人。僧人为了修建大佛，不顾个人的利益筹措资金，为了阻止贪官贪污资金，不惜挖去双目。僧人和大佛的故事是野史也好，是杜撰的也罢，让我们看到了那份不变的初心——我追我爱，我爱我追！如若不是真心喜欢到痴狂，徐霞客和那位僧人怎么会这般执着坚守？

此书是文言文，阅读不像白话省力。然而，借助注释和翻译，短短的几个字、几十个字，足以让我眼前一次次出现奇景名胜，这是读古文与读白话文的区别。读纸质书和看电视、看电影最大的不同就是我们可以给想象插上飞翔于海阔天空的翅膀："珠峰朵朵"，云海中的山峰如同花儿，这儿一朵、那儿一簇，深色的、浅色的，大朵的、小朵的；"全从侧涧倾泻泉水"，从岩石侧面倾泻下来的山水一定是宽几丈、长几丈，而绝非涓涓细流；"每制手足无可捉住"，徐霞客所到之处，人迹罕至，手脚没有可以攀抓的地方，正是如此，草木茂盛的悬崖绝壁才值得徐霞客流连忘返……像这样可以引发想象的语句，书中不胜枚举。

读着读着，我仿佛明白了徐霞客这一路的坚守：大自然的鬼斧神工，不到绝境之处是无法尽赏的，而赏过一次便会终身无法忘记。山山水水，清清淡淡，深深浅浅，远离人世喧闹，只与山水为友。

旷达如山水，洒脱如山水。

霞客行，与僧友行！

越读下去越发好奇：书中出现的悬壁绝崖上的寺院、庵庙在当时的环境下是如何修砌的？试想：山中阁楼、阁中佛像，崖上桥梁、梁上古木，无机无械，单凭人力，一步一足，一刀一斧，我国古代劳动人民的智慧和力量着实令人惊叹。

越读下去越发觉得古代民风淳朴。寺院、庵庙、当地人家，徐霞客都可以留宿。路途中，有僧人、有"土人"为向导，要知道徐霞客出行不是官派，没有官府的文牒，肯定得不到当地府衙的支持。换言之，正是因为没有府衙的参与，徐霞客才能不走官道，才能尽赏不寻常的景致。无论是僧人还是当地居民，他们无疑是最了解当地环境的，由他们领路不会错！试问，如果没有淳朴的民风，怎会这般顺遂，这样顺心？

要说徐霞客一路上的顺畅，不可不提僧人静闻。徐霞客一行人在湖南湘江遇到盗贼。僧人静闻用自己的生命做了赌注——盗贼不会砍杀出家人，拼死保住了《徐霞客游记》的大部分手稿和一些珍贵资料，还有一同被盗的船客的财物。就是这样一个舍己为友的高尚的人却被其他船客猜忌，称静闻与当地盗贼是串通好的。因为盗贼抢劫的当晚，静闻曾经与当地一个哭泣的少年说过话，谈话结束后贼人便上船行凶。身正不怕影斜！静闻是出家人，虽说多半不会受此影响，但我却为静闻愤愤不平！

书中详细描写了静闻与徐霞客的分别，两人都知道这一别可能就成了诀别，所以一个百般要求，一个百般不舍。静闻离世，山水间少了一位高尚的僧人，徐霞客失去了一位挚友。

悲叹啊，徐霞客日后的见闻与谁分享？与谁言说旅途的喜怒哀乐？

霞客行，与心愿行！

盛景多存于人烟罕迹之处。人烟稀少，道路便不会通畅，危险也是可想而知的。

书中描写的场景好几处令我胆战心惊，我每次都替这位大旅行家捏了一把又一把汗。"望岩下斗深百丈……布为突石所勒，忽中断。"徐霞客用裹脚布接成布绳用来攀缘，布绳却被岩石割断，徐霞客和仆人只得重新打结布绳，身后就是万丈深渊……这样的场景书中描写了很多，可以想象徐霞客面对的到底是什么！还好，每次都有惊无险。或许是上天眷顾，因为他觉得这般仙境不能独享，得容人造访，那就敞开胸怀开心地欢迎吧。欢迎归欢迎，你得有能耐看到才行。徐霞客绝对是那个有本事、有胆量的人！看，岩如刀，石如刀，即便是穿着鞋仍然会被割伤，更何况徐霞客穿的不是草鞋就是布鞋。看，山涧寒彻骨，走过冻彻心骨的山涧泡个热水澡可以祛除身体里的寒气，然而并不是每次都有热水或者是温泉可以泡上一泡。久而久之，必会伤及身体。鸡足山成了徐霞客旅行的最后一站！长年累月的跋涉使得徐霞客双脚残疾、无法行走，在鸡足山方才歇下了旅行探景之心。

1641年3月8日，徐霞客逝世。可以想象，他被人抬下鸡足山，回到家中后，眼望苍茫大地，却无法再行走半步的遗憾。一个一生追求远游至深的侠客就此陨落，而他留给我们后人的却是无法估量的文化财富和地质财富。

目录中说："《徐霞客游记》被誉为千古奇书，'世间真文字、大文字、奇文字'。"是啊，如果你不读此书，你怎会了解徐霞客此行之奇、文字之真、用心之深？黄庭坚7岁作的《牧童诗》"多少长安名利客，机关用尽不如君"，道出了徐霞客一生无悔的追求：与其追求身外的名利，不如敦实内心的愿望。

徐霞客守着初心，无怨无悔，直至生命的尽头，他的"坚守"是当今社会的一股清流。他的"坚守"告诉我：身为人民教师，要守得住初心，排除万难与各种干扰，才能一路攀登、一路芬芳。

霞客行，真乃千古奇行。

救人一命胜造七级浮屠

兰州市七里河区火星街小学　刘　岩

"我"不是药神，"我"只是卖药的。

"我"不是药神，"我"只是不忍心看那么多人白白等死。

"我"不是药神，"我"只是凡人一个。

2018年6月，各大影院都在做《我不是药神》的宣传。今天我也和同事一起走进了影院，一个多小时的影片，有笑点也有泪点。

徐峥特有的幽默和表演方式让他演技好到爆棚！影片揭露了社会的现实问题：生了病，房子吃没了，家人吃垮了，天价药，病人吃不起，吃不起就只能等着丧钟响起。

程勇像是扶危济困的大英雄，应时而生！

记得在一个公众号推送的文章中，我便已了解了影片的大致内容，几个主人公的命运，我也有了心理准备，就像是第二次观看影片，我一边回忆着文字介绍，一边观看着影音图像。

影片中的几个小细节让我印象深刻。

细节一：老吕决心自杀前望着妻儿的那个微笑。

老吕是影片中唯一一个表现白血病痛苦的病人，堂堂男儿有泪不轻弹，可在病魔的手中却无力抗争。当身体被蚕食，当病痛无法忍受，当家人被拖累，或许天堂真的是个好去处。

细节二：黄毛驾车逃过警察的布控后临死前的那个微笑。

作为主演之一的黄毛，台词不多，最后一句话是"痛快了"。还记得一开始黄毛是为了病友偷程勇的神药，其实他自己也是个病人。本以为有了生的希望的他看到警察的那一刻，下意识地开走了药车，他不顾一切地保护了程勇，他知道没有程勇，像他一样的病友早已不在了，他要保护这个值得他保护、值得他剪去一头黄发的人。20岁的他用微笑震撼了所有人！

细节三：曹警官几次抓捕药贩子时的于心不忍。

曹警官是个善良、有血有肉的真汉子，他也像程勇一样不忍心看着病人受苦等死，所以他宁愿选择承担一切后果，也要放弃对药贩子的抓捕。当法大于情的时候，当情大于命的时候，当法与上千条命相比之时，法也会为命让道吧。

徐峥饰演的程勇，曾经害怕过，因为人到中年，上有老下有小，他不允许自己出事，所以，他选择了"两百万"。老吕的离世成了他人生的转折点，他不惜卖掉厂子，一个月倒贴几十万元去救助病友，这哪里还是药贩子？！

据说这个故事是真实存在的，只是真正的主人公不姓程。我在想编剧之所以将主人公的名字定义为"程"，是想取"诚"的意吧，"诚"和"勇"是做人之根本！

好人有好报！病友摘下口罩为程勇送行的长镜头，让我再也无法抑制泪水了。

三年，幸好只有三年。

我写不出高大上的感受，但是我只想说：

有什么别有病！

健康真好！

让书籍也成为你的年货

兰州市七里河区火星街小学　刘 岩

花了10元钱买了两本名著《飘》和《少年维特的烦恼》。

前年去西安，去年去南京，路上带的两本书，一本被没拧紧的水杯泡湿了，一本在拥挤的小包里折页折角，好不心疼。所以从一开始我便打定主意要买两本便宜的书，即便是在路途中损坏了，心里也不会过于难过。

两本书的封面、封底手感比我想象中丝滑一些，每本定价13.8元，只卖5元，相当于打了3.7折，便宜得很。

购买的地点不是正规的书店，而是地摊。好几张大桌子乱七八糟地摆着各种各样的书。书虽多，但摆放的姿势却让我无法和"琳琅满目"四个字联系在一起，实在是不那么美观。

我在书摊上挑来拣去，找到了两本心仪的书，付款后，我便开始随手翻阅。"盗版"二字一下子便蹦了出来：纸张脆而硬，字迹虽然清晰，但稍远些看便会变得有些模糊。记得以前拿到过一本盗版的《格列佛游记》，只读了三页便无论如何也不想再读了，"顶天立地"的排版，黑而糙的纸张，一本名著就此作罢。

同样的页数，盗版书轻飘飘的。记得曾经去过一个书摊，书是论斤卖的。我挑了三本书，定价足足七十几元，一上电子秤，15元。1千克书卖50元钱。

什么时候书变得这般廉价了呢？这种低价的盗版书给人一种心理暗示：书，不值钱。

书里装着文化、知识，是不是意味着也不值钱了呢？

不敢想象，也不能想象。

知识如果可以论斤买，我先买一吨。

现如今，电子书替代了纸质书，一是携带方便，不会出现折页破角的现象，可以走到哪儿读到哪儿；二是种类繁多，小说、名著、科普，想读什么读什么，手指一滑即可；三是价格不贵，只要有Wi-Fi就可以阅读。纸质书上述三点都做不到。我们可以想象一个画面：公共场所里，人人拿着手机，真的好吗？真的是应该有的一种生活吗？

几十元、上百元的美酒，一瓶又一瓶，喝了又吐，伤身又费钱；几百元、上千元的化妆品，一次又一次，画了又洗，费钱又伤人。几十元的书却总有人舍不得购买。

过年了，我们不妨将书籍也当年货置办些，一来让我们的精神世界变得丰满，二来打发回家坐车的时间。盗版也无妨。

羊丢了，人心不能丢

兰州市七里河区火星街小学　刘　岩

"羊丢了，人心不能丢。"这句话是我看完影片《丢羊》后最大的感受。

六叔，一位普通得不能再普通的农民，靠着家里那十几头活蹦乱跳的羊给儿女挣学费，不承想，一夜间竟丢了四只大肥羊，影片围绕追查偷羊贼展开。

影片中既有公职人员的官场嘴脸，又有人民公仆的正义之举，让人拍手称赞。

六叔发现羊被偷报案后，小轿车就一辆接一辆地开进张家岘，上面的领导来了一位又一位，四只羊的赔偿款不但没有被追回来，圈里的羊却接二连三地被杀，真心替六叔不值！挂在墙上的三张羊皮，在寒冷的冬日刺痛着养羊人的心。故事中的吕局长也好，费局长也罢，都不是为民办事的干部。那副虚假的嘴脸让人心生厌烦，却又无可奈何。

"丢羊"，祸起一个"贪"字，眼睛红了，心就黑了。之所以无法追查下去，是因为一个"怕"字，怕的原因路人皆知。说到底，还是贪念作祟。人世间的事，可千万不能贪，不能事事向"钱"看。老百姓也好，党员干部也罢，做人做事、于己于人，问心无愧才好。若觉不平，莫急，终会有没丢"心"的人出现，就像影片中的宋书记！

"我们一起走这一公里，我相信你们从未走过这一公里。""这是我今天吃的羊肉的钱。"宋书记的这两句话让我看到了希望，看到了心还没有丢的好干部。

总的来说，影片正义感满满，揭露了该揭露的，弘扬了该弘扬的，小制作，大情怀。

　　影片中刻画的害群之马让我想起了《人民的名义》和《破冰行动》两部影视作品，都在揭露恶势力的"保护伞"是如何形成的，又是如何被"正义之剑"曝光于烈日之下的，看后无不大呼过瘾！

　　正义，永远不会缺席！时机一到，披荆斩棘。

愿《读者》伴我一路修行

兰州市七里河区火星街小学　刘 岩

　　时常在想：人生一世，跌宕起伏，无论是坎坷还是坦途，终归是一场自我的修行。有三五友人相伴自然是好的，但是能解开谜团的除了自己，恐怕别人无法替代。

　　高考失利，于我而言无疑是晴天霹雳！之前的信心满怀一落千丈，我躲在衣柜里，把头深深地埋进衣服里……伤心的父母不敢多问一句，我也不愿多说一句。

　　夜深人静，辗转反侧，无法入眠。抬头望星，寥寥无几，莫非它们也在为而我悲痛？

　　打开台灯，端坐书桌，随手翻开一本书，却无法抑制地流出泪水。于是，放下厚厚的书，我知道它们不能缓解我心中的郁结。从书架里取出《读者》，试图让书中的漫画调试近乎崩溃的内心。看了一幅又一幅，却无论如何都提不起兴趣，泪水还是不住地流……

　　继续翻看书页，我渐渐沉入故事。

　　有身残志坚的人，有历经磨难的人，也有见证风雨彩虹的人，原来世界上悲伤的不只我一个，遭遇打击的也不只我一个。黑暗背后的故事像夜空点点繁星逐渐清晰起来。有那么一刻，我看到天上的星星了，也就在那一刻，我将心中的云雾逐渐剥离。

　　后来，我上了一所普通大学，幸运的是，学了自己喜欢的专业，更幸运的是，我实现了自己的愿望——成了一名人民教师。那时候，每月总会留出买《读者》的钱，每月总会如约出现在书摊，不为别的，只为能找到志同道合的人，能让自己的前行不那么孤单，能让自己的奋斗有力量的支撑！《读者》果然有这般神奇的力量。我清晰地记得，夜深人静，室友们都酣睡，而我还抱着《读者》，总觉得《读者》太薄，无法满足我一个月的阅读需求。直到上班才慢慢体会到：快不是好事，静心慢读才会懂其真谛。一天一篇，一天一得，一天一悟。

上班后，课余时间没那么单纯了，更多时间关注的是专业类书籍。但是，无论多忙，我还是会购买《读者》，因为它早就成了我生活中的一部分。

两年前，我将《读者》引进了我的班，开始让孩子们读《读者》。"独乐乐不如众乐乐"，同样，"独读书不如众读书"。对于城乡接合地区的孩子而言，阅读需要一个慢过程。我的学生有一部分是达不到城区孩子的阅读量的，但是《读者》却可以满足学生的需求和我的要求。夏日午后，阳光暖暖，温情教室，《读者》漫谈：我们共读一本书，共赏一幅图，共谈一种情，孩子们的真情流露让我觉得我为他们的读书推荐是正确的。

明年，孩子们就要毕业了。我想送给他们我拥有的《读者》，让陪我走过生活阴霾的"朋友"继续陪伴该陪伴的人，我想这才是它最大的价值！

读书，应该像吃饭、睡觉一样平常。同样，读《读者》也应该属于睡觉、吃饭的一部分。

感恩有你，《读者》！

感恩有你，你点亮了失意者的心灯！

感恩有你，你擦亮了得意者的双眸！

感恩有你，愿你永葆青春！

遇见的价值

兰州市七里河区柏树巷小学　包 巍

我的第一届班集体成军于2013年，作为班主任首次带满六年，陪伴着孩子们从一年级入学到六年级毕业，45个可爱的孩子犹如45颗繁星，点缀着班级的浩瀚天空。这些孩子是一个个富有朝气、积极向上的精灵，我的班级是团结友爱的班级，无论是学习氛围还是彼此间的友谊，都表现出互助互爱的精神。我很爱我的班，更爱这些孩子。

我分享的教育随笔很特别。是的，我们班有一位特殊的客人，一位陪读妈妈，需要陪读的这个孩子，医院确诊为大脑发育不良，伴有行为失调症，平时会无理取闹，也会无故伤害其他同学，如果独自一个人上课，就会在教室里乱跑，无故殴打其他同学，令所有老师和家长叫苦不迭。通过我的奔走和学校的斡旋，孩子的妈妈勉为其难同意陪读。

这就拉开了三大战役的序幕。

第一个战役：情感战

初来陪读，这位妈妈充满了抵触情绪，孩子在课堂胡闹或者殴打其他同学，她均视而不见、听而不闻。恰好那时我也刚刚当了妈妈，我从母亲的视角和她进行情感的沟通，对她表示充分的理解。渐渐地，她和我达成了一种共识，因为每一位妈妈都对自己的孩子有期许，哪怕这个孩子非常差。慢慢地，她的抵触情绪减轻了，开始正视孩子的问题，因为，错误也有价值。

第二个战役：规矩战

孩子们体力和脑力飞速发展，这时又出现了新问题，这位妈妈在我的课上会规劝自己的孩子坐端正和看书，可是到了其他老师的课上，这位妈妈会让孩子趴在桌子上睡觉，她则跷着二郎腿打毛衣，这对认真备课、讲课的老师来说是极大的侮辱。我得知这一情况后，立刻和这位妈妈进行了沟通，和这个孩子订了特殊的规则！如果他每节课都能和妈妈一起听课，不干与课堂无关的事，我每天都会在语文书上盖上一枚小红花的印章，并且要在全班的掌声中为他盖章。我同时和所有任课教师沟通，希望他们在课堂上多鼓励这个孩子正面的行为。

第三个战役：要求战

陪读妈妈已经陪了孩子六个年头，我也是一位母亲，我对这位妈妈还是很钦佩的，换位思考一下，我可能做得还没有这位妈妈好。于是，我给这个孩子提出了要求，让他每天放学的时候除了说老师再见，也要说谢谢妈妈，同时，平时也要自己多约束自己，让妈妈省心。

我们是少数民族小学，98%的孩子是少数民族，陪读妈妈是回族，每年在回族封斋的时候，我会让这位陪读妈妈休息几天，在取得任课教师的谅解和允许的情况下，我会陪着这个孩子上完一天的课。

这就是我特殊的教育随笔，我在很多方面还做得不是很好。但我相信，在我的努力和大家的帮助下，未来，我的每一步都会走得踏实，也会走出风采。

教育随笔

有信自远方来，不亦乐乎

兰州市七里河区华林路第一小学　陈天惠

　　踏进华林路第一小学的大门已经两年多了，和孩子们从最初的相遇、相识到现在的相知、相爱，我十分感激遇到这些可爱、奇怪的小家伙，正是他们的纯真与成长带给了我职业上的成就感和幸福感，但也少不了一些烦恼。面对这40多个求知若渴的脸庞，面对教育资源不那么充足的城郊校园，我不禁问自己：每天讲完这一堂课就够了吗？

　　"教育就是一棵树摇动另一棵树，一朵云推动另一朵云，一个灵魂唤醒另一个灵魂。"德国哲学家雅斯贝尔斯如是说。我曾经一直这样理解这句话：教师就是那朵云，当教育的清风拂过，便会推动孩子们这一朵朵云彩不断前行。可不久后的一件事，让我对这句话有了更深的理解。

　　转眼间又到了学期末，第七单元的习作也如约而至——写信。这可难倒了我：学生了解什么是信吗？他们会对写信感兴趣吗？苦恼之际，有了和好友佼的对话。

　　"你上到哪一课了？"

　　"明天打算上习作——写信，就是不知道怎么才能让学生提起兴趣。"

　　"我也该上习作了，现在的孩子对写信没有什么概念，可能写起来有点困难。"

　　"不如这样，咱们两个班互相写吧。"

　　"行啊，这个主意不错，这样他们也有代入感，又是同龄人，可能有很多想说的话。"

　　就这样，兰大附小四（2）班的孩子和华林路第一小学四（3）班的孩子开始了一场"梦幻联动"。

都说见字如面,我们这两个班的孩子既没见过字,也没见过面,为了拉近距离,大家先通过照片互相认识一下。当我在大屏幕上放出四(2)班孩子的集体合照时,学生可激动了。

"老师,戴眼镜的那个同学跟我长得好像啊,我要写给他!"

"他们的校服可真好看!"

"老师,我要介绍一下咱们的校园,邀请他们来参观。"

"老师,我想跟他们分享吴颂今爷爷回母校的故事。"

……

孩子们的兴趣大涨!

这节习作课他们听得格外认真,不少学生听完课还提出了自己的问题:
"老师,最后署名我可以写自己的小名——唐小白吗?"

"老师,我能再装一幅画塞在信封里吗?"

"是不是还要贴邮票呢?"

"祝福语还能写什么?"

看他们求知若渴的样子,我知道这次习作他们有话可写。

第二天,初稿如数收齐。从字迹上我看到同学们的确用心了,平时几位字迹潦草的孩子这次也写得格外工整,字里行间都是友好:

"戴眼镜的男孩,你好,我看照片里你也戴眼镜了,我的眼睛已经好了,你的眼睛好了吗?"不错,还知道关心新朋友的眼睛问题。

"你们的校服真的好漂亮啊,可是我们的校服也不丑。"的确,就应该有这样的自信。

"你聪不聪明不重要,重要的是我们已经认识了。"无论你聪明与否,我们都是好朋友。

"我们的教室宽敞明亮,校园十分美丽。"热情的孩子期望你们来学校参观。

"期待你的回信!"

我还发现,有的学生贴心地附上了学校的平面图,上面写着:欢迎你们来参观。有的学生很详细地介绍了前一段时间"颂今爷爷回母校"的活动,写出了自己最真实的感受与想法。

每位学生都用稚嫩的笔触写下自己的心声，在通信发达的年代用笔尖传递着些许温暖，他们一定感受到了书信的韵味。

修改初稿后，学生将信整整齐齐地誊写，而后小心翼翼地装进了信封，脸上充满了期待，不住地问我："老师，他们的信什么时候送来啊？"

为了提高时效性，我和张老师做了一回"邮差"，趁着周末，赶紧把两个班级沉甸甸的"友谊之信"进行了交换。

早上，我拿着一沓信走进教室，眼尖的几个孩子瞪大了眼睛，窃窃私语，尽是惊喜。

发完信，我注意到好几个学生拿着信不知所措，原来信封是被封住的，他们怕撕坏了信，一时间不知该从何处下手。于是，我告诉他们摸一摸信纸有没有顶在开口处，撕信封的时候注意不要撕到信纸。依照我的建议，他们小心翼翼地撕开信封，读得有滋有味。

"我们班新来的张老师特别可爱，大家都很喜欢她。"

"小绿孩，你好，我第一眼就在照片中看见你穿着绿色的衣服。"

"我们学校不远处就是兰大，我以后长大了也想考兰大。"

孩子们一边读一边嬉笑讨论着，仿佛信那边的人就在眼前不住地说着。

读完信后，我问学生有什么感受，有的说这些同学写的字特别漂亮、工整，有的说觉得他们很友好，有的说还想再给他们写信……

从学习信的格式到练习写信的初稿，再到收到远方同学的信，孩子们一直保持着极高的兴趣，我真切地感受到了"兴趣是最好的老师"。

书信这种传统的交流方式不仅能落笔生辉，而且具有触摸感与历史感，在"天涯若比邻"的互联网时代，更需要"有信自远方来，不亦乐乎"的温情体验。

孩子们不仅有体验，我也有不一样的感受。

"教师之为教，不在全盘授予，而在相机诱导。"叶圣陶先生的这句话其实就是在告诉每一位教师：应该注意培养学生的学习主动性，激发他们的学习兴趣，而不是一个人演独角戏，向学生一味灌输各种知识，强迫他们全盘接受。

不仅如此，我们地处城郊，在面对有限的教育资源时，如何最大化地利用资源，如何合理地共享资源，这都是教师应该思考的问题，就像这次兰大附小与华林路第一小学孩子们互相写信，不同的语言风格，不同的思想交流，不正是雅斯贝尔斯说的"一棵树摇动另一棵树，一朵云推动另一朵云"吗？而这又何尝不是一种城乡教育资源共享呢？

　　我想，我和孩子们的体验刚刚开始……

心之所向，无问西东

兰州市七里河区华林路第一小学　陈玉蓉

教育是一条很长很长的路，有人说过这样的一句话："老师不经意的一句话，可能会创造一个奇迹；老师不经意的一个眼神，也许会扼杀一个人才。"我们的一生何其短暂，特别是孩子们童年的时光更是珍贵，作为老师，我们真的应该放慢自己的脚步，耐心地陪他们扣好每一粒纽扣，耐心地为他们重复一遍又一遍的故事……慢一点，再慢一点。

朋友说"你能桃李满天下"，桃李到底满了多少亩我不知道，我只知道在教育这条路上，最有价值的东西从来都是看不见的，那就是为师者对教育那股强大的信念。就是这样的信念，支撑着我在班主任这条路上不断探索、不断创新；让我的每一天都那么与众不同，就像沙滩上的贝壳珍珠，每一次收获新知的时刻，都在闪闪发光。

初入学的孩子除了需要我们的细心呵护关爱之外，还需要一些教育的智慧。孩子们成长路上真正需要的是什么呢？是爱，是尊重，是自由，还有安全感。其中，尊重让他们拥有独立的人格；自由让他们有自信、有底气，精神上不贫瘠。可是这些好像都和成绩沾不上边，但在我心里，这些就是孩子成长的底色。于是，我的班主任工作加上了这些关键词。这些看起来华而不实的词，实际融合在孩子们学习生活的点滴之中，并且成了孩子们学习的助推器。

这学期开学前，我就仔细斟酌了本学期的计划：我希望孩子们有什么样的进步呢？孩子们在这个年龄应该收获些什么呢？什么是他们人格发展需要的东西呢？在这个过程中，我也想到了孩子们一些欠缺的地方，所以我将本学期的重点放在了以下几个方面。

第一篇：读书篇。新学期伊始，阅读依然是重点，一个会读书的孩子，品行是不会差的。我们启动了班级"正是少年读书时"的活动，举行了一个隆重的启动仪式，让孩子们自己说一句勉励自己读书的话。这个系列活动包括"口袋故事王""国学经典诵""每周午读"等内容。从之前的零碎的读书活动慢慢地系统化，结合学校阅读课的内容，扎实做好大阅读活动。

第二篇：礼仪篇。不学礼无以立，礼仪在这个社会太重要了，一个人言行得体，一定是被人们称为有涵养的人，走上社会也更容易成功。为了加深他们对"礼"的印象，一开学我们就学了古代的五种礼仪：拱手礼、万福礼，还包括现代的握手礼等。班会礼仪课上孩子们自己去体验行礼，感受其中的趣味，然后我和他们一起探讨"文明礼仪"，制定班级文明礼仪制度，孩子们在约束自己的过程中将礼仪内化。走在校园里，孩子们能懂得谦虚礼让、懂得尊重他人。

第三篇：班级篇。班级人人是主人，人人是班干部，管理窗户的叫"窗户长"，管理灯盏的叫"灯长"，管理植物角的叫"园长"，剩下实在排不下职务的，作为老师的"助手团"，各项管理细则均由他们自己制定。这样一来，班级事务人人参与，孩子们把班级当成了自己的家一样去爱护。

我们学礼，每一句孩子的问候，我都俯下身微笑着回应；每天走进教室前，我都会整理好仪容，收拾好心情，再走上讲台。渐渐地，孩子们把我当成了这个家庭的大家长，他们爱我敬我，我亦爱他们护他们。

我们读书，老师和学生是书友，分享读书感受，每一句话我都会认真回应。孩子们可以坐在操场凉亭下看书，可以坐在教室里看书；阅读，可以发生在早读课前，也可以发生在宁静的午后。

有一天，一个孩子跑到我面前，扑簌着她的一双大眼睛对我说："老师你是天使！"这一句"你是天使"瞬间让我热泪盈眶，因为在这句话的背后是我三年班主任的付出，一次又一次地包容、关爱孩子得来的。我尊重每一个孩子，给予每一个孩子鼓励，将爱与希望渗透在班级工作的每一处。我始终觉得，唯有一个心中有爱有温暖的老师，才能教育出一群对未来充满希望的学生。

　　三年如一日，我默默地做着班主任工作，无论前路如何，对教育的初心始终不变。站上讲台，我敬畏我的职业，深爱我的职业。身为教师，学生永远是第一位的，他们是我们的未来，而我们老师身上所肩负的是使命，也是责任！故，心之所向，无问西东，理想在彼岸，我必守住本心，风雨兼程，一往无前。

遇见幸福，守护花开

兰州市七里河区华林路第一小学　陈玉蓉

幸福在哪里？
她在诗意的晨诵中。

幸福在哪里？
她在温馨的教室里。

幸福在哪里？
她在充实的校园里。

幸福在哪里？
她在全新的教育里，
她在我与孩子共同成长的快乐里！

　　每每看到含苞欲放的花蕾或已竞相开放的花朵，我总会驻足观看，流连忘返。也许那带给我的不仅仅是视觉上的美感，更是一种思想上的共鸣。花开从来不是易事，需要除草、除虫、施肥、阳光、雨露，还要用恰当科学的方法来不断培育，才能育出好花来。而我们的一个个学生不正如一朵朵花吗？花需要阳光、雨露、土壤、肥料，少一样都不行，有的喜酸，有的喜碱，有的喜阴，有的喜阳，如果你能了解他们，他们就会为你绽放那娇美无比的花蕾。

187

我们班有这样一个小男孩，就叫他小马吧，他天资聪颖，就是特别好动，学习、行为习惯都"与众不同"。今天你批评教育了他，明天老毛病依旧；刚刚纠正过的错误，又仍然明显地出现在他的作业本上；屡次交代过老师不在的时候要遵守纪律，走进教室迎接你的依然是他"张牙舞爪"的身影和与同学闹哄哄的"交响曲"……

这些反复出现、屡教不改的情况常常扰乱我的心情，情急之下，我不禁一次又一次朝他发起火，有时还伴有一些惩罚，既生气又无奈。

又一次我朝他发火了，他却大声地说："老师，你从来没有表扬过我！"我一震，这一句突如其来的话让我一时不知说什么好。课后，他的话一直在我耳边萦绕。想起来，平时我总觉得他调皮，的确很少表扬他。从今天这件小事看来，他还是挺在乎老师的表扬和肯定的。是啊，调皮的学生也是学生，和大家一样都希望得到赏识，而且，从某种意义上说，也许他比其他学生更希望得到老师的表扬——因为调皮，平时挨的批评肯定不少。我以前忽视了这一点。

于是，我找他谈话，他向我表示要改正。从此，他做作业时，我总习惯性地多看他几眼。字写得不好，作业有困难时，我指导他。慢慢地，他能自觉地做作业了，重写次数也少了。有时，我故意留他一个人做作业，他也能完成。于是，我就让他在校内完成大部分作业后，稍留一点作业回家去做。刚开始，回家的作业原封不动，只字未写。我要求他诚实地说明原因，并告诉他我这样做的目的。他也知道总让老师看着做作业是一件很难为情的事。他又鼓起了勇气……

是啊，没有一个孩子愿意犯错误、挨批评；也没有一个孩子愿意成绩比别人差，各方面不如人。他们也有优点，也希望被老师表扬，也向往成为同学的榜样。他们只是难以做到坚持不懈、持之以恒罢了。

从那以后，在课堂上，只要看到他认真听讲或回答了一个问题，我就马上进行表扬。经过一段时间的观察，我发现他在课堂表现、作业完成等方面都取得了一点小小的进步。但毕竟小孩子的自控能力比较差，要想在很短的时间内把坏习惯全部改掉是不现实的。所以又遇到他上课不认真，小动作不断，对要掌握的知识模模糊糊的情况时，我并不灰心，因为我知道这种学生是需要时间的，也需要很大的耐心。我坚信，只要坚持，一定能守护这朵花开的。

　　一年一度的运动会又开始了，操场上如炸开了锅一般，四处洋溢着欢乐的气氛，这个小不点迈着坚定的步伐走到了跑道处，裁判喊"各就各位"。他刚摆好姿势，发令枪就响了，他以飞一般的速度跑到了终点。他下来跟我说："陈老师，我跑了第一，是不是有奖啊？"那一刻，我觉得这个孩子还有很多的潜力，只是我没有发现而已。

　　他的变化让我认真地反思了我自己，班级里像他这样的学生还有很多，一味地简单粗暴，只会在他们幼小的心灵上留下阴影，使他们对自己、对老师甚至对社会产生负面的观点，认为自己怎样努力也不会得到老师的认可，从而自暴自弃。

　　我重新认识了我的学生，也重新认识了我自己。做教师要学会用心、用爱去浇灌自己的学生，充分表扬和肯定学生的点滴进步，每个学生身上都蕴藏着不可估量的潜能。只有理解了这一点，才能去尊重和热爱学生。作为一名老师，应用自己的和颜悦色、亲切的目光、慈爱的双手给每一个学生以自尊、自信、关爱和鼓励，只有这样，学生才会"亲其师，信其道"，才能成为自己所期望的人。

　　是啊，每一种花开都有适合自己的条件与时间，花儿不开，说明条件不成熟或时间不合适。每一个孩子的成才也都有一个过程，我们之所以会犯错，就是因为过重的功利心让我们等不到花儿开放的那一刻，等不及孩子经历完成长的过程。

　　教育孩子，就像花开，需要时间，需要我们静下心，慢慢等待，守护花开！

爱心让教育之花常开不败

榆中县夏官营学区高墩营小学　刘善君

从教18年以来，我始终认为教师的称号是神圣的，教师的职责是崇高的，因此我自走上这个岗位以来就从未怠慢过，一直勤恳耕耘，默默奉献，认真履行着教师的职责，用自己的青春和心血谱写杏坛之歌，用自己的执着托起明天的太阳，以求无愧于人师这个称号。反思自己平凡的从教生涯，既没有什么轰轰烈烈的壮举，也没有什么骄人的业绩，有的只是自己心底里真切的踏实和点滴的小确幸……它们是我教育生涯中小小的幸运与快乐，是流淌在我教育生活中的每个瞬间且稍纵即逝的美好，是内心的宽容与满足，是对人生的感恩和珍惜。当我逐一将这些"小确幸"拾起的时候，也就找到了最简单的快乐！

从教18年，我始终用一颗充满爱的心接纳学生、包容学生。有关调查显示，学生喜欢知识渊博型老师的只占31%，而喜欢师爱型老师的则达到53%，他们希望自己的老师温和、可亲，具有爱心。所以我一直很明确：教师这一职业的意义已远不在于其本身，而更重要的是作为道德的化身潜移默化地影响学生。凡是要求学生做到的，自己一定要率先做到；要求学生不能做的，自己则坚决不能做。例如，我要求学生上课不能迟到，上课铃响时，我一定会准时站在教室里。这看似区区小事，其实恰是在细微之处显精神，于无声之处做表率……教师的行为对学生是一种不间断的、无声的教育。

我始终坚信学生没有好坏之分，只有态度认真与否的区别。因此，一直以来，我致力于创造轻松愉悦的教学情境，始终把爱心播撒到课堂的每个角落，让每个学生的潜能都得到最大限度的发挥。正是由于自己所倾注的爱心，一些学生才改变了学习的态度，增强了学习的信心，确定了人生的发展目标。

表达师爱，不是写在纸上、说在嘴上。真懂，要用自己的言行来实践；老师对学生要满腔热情、满腔爱，做到师爱荡漾。我坚信：师爱荡漾，就是要追求自然和谐，细雨润物。只要不忘初心，心中常驻那份爱，定然花开不败。

教育随笔

191